本书为国家社科基金高校思政课研究专项资助项目
“新时代高校应急管理类专业课程思政化建设路径研究”成果

应急科普传播概论

王威◎编著

中国出版集团有限公司
研究出版社

图书在版编目 (CIP) 数据

应急科普传播概论 / 王威编著. -- 北京 : 研究出版社，2023.8

ISBN 978-7-5199-1528-5

Ⅰ. ①应… Ⅱ. ①王… Ⅲ. ①突发事件 – 公共管理 – 科学普及 – 传播学 – 研究 Ⅳ. ①D035.29

中国国家版本馆CIP数据核字(2023)第130915号

出 品 人：赵卜慧
出版统筹：丁　波
责任编辑：范存刚

应急科普传播概论

YINGJI KEPU CHUANBO GAILUN

王　威　编著

研究出版社 出版发行

（100006　北京市东城区灯市口大街100号华腾商务楼）

北京云浩印刷有限公司印刷　新华书店经销

2023年8月第1版　2023年8月第1次印刷

开本：710毫米 × 1000毫米　1/16　印张：12

字数：172千字

ISBN 978-7-5199-1528-5　定价：58.00元

电话（010）64217619　64217652（发行部）

丛书总序

党的十八大以来，习近平总书记多次强调要防范化解各领域重大风险，强调既要高度警惕“黑天鹅”事件，也要防范“灰犀牛”事件；既要有防范风险的先手，也要有应对和化解风险挑战的高招；既要打好防范和抵御风险的有准备之战，也要打好化险为夷、转危为机的战略主动战。面对高风险社会的来临，面对自然灾害与人为灾难的交织，如何加强安全预防和灾难应对，世界各国都提出了程度不同的解决方案。当今中国在习近平总书记关于总体国家安全观和人类命运共同体思想的指引下，充分发挥本土应急管理特色和优势，积极推进应急管理体系和能力现代化，日益成为新时代的重大课题。

2018年3月应急管理部组建；7月笔者到南京参加中国社会学年会，其间与一些专家讨论组建“应急大学”的问题，回来后写了一份“建议报告（初稿）”转给高端专家表达意见。那时候就一直想从社会学角度思考社会力量对于灾变的应急问题。当然，之前一些学者在这方面也有一些探索。此后笔者开始发力研究，提出“应急社会学”概念并探索与之关联的学科知识体系，以期为构建中国特色哲学社会科学学科体系、学术体系、话语体系，以及中国特色社会主义社会学、应急科学尽绵薄之力。

2021年7月，全国首批新文科研究与实践项目立项公示，我们申报的“新文科应急社会学课程和教材体系建设研究”（编号2021070027）在列。按原计划，我们决定借助这一项目资助，除了出版“应急社会学”，争取三年内陆续研撰出版“应急科普传播概论”“社会组织应急概论”“应急社会工作”“社区应急管理”“应急社会心理（学）”“等丛书系列。丛书力图融入新文科思想，开启传统文科领域的人工智能、智慧技术等新思考，且与课程开设相得益彰。丛书旨在培养具有应急知识和社会学知识等多元多能的高级专门人才，不断推进中国特色社会化应急体系和应急能力现代化建设。

最后，特别感谢应急管理大学（筹）华北科技学院校区，倾力配合教育部这一新文科项目，分别通过教学改革、学科规划、科学研究等多个渠道资助全套丛书出版。

丛书主编　颜烨

2021年7月于京东燕郊

目录 CONTENTS

绪　论

一、开展应急科普传播的必要性

一直以来，我国对于应急科普传播都高度重视。应急科普传播是国民素质教育和全民安全教育不可缺少的一部分。近年来，我国应急管理系统再次升级，突发公共卫生事件下的应急科普研究也成为学术界的研究热点。进入后疫情时代，应急管理工作逐渐常态化，应急科普工作的重要性更加突出。为此，有关部门也进行了相应的努力。例如，出台了一系列指导性政策，进行了一系列科学普及宣传教育活动，利用社交媒体辅以传统媒体引导公众……这些举措推动我国应急科普工作迈上了新台阶。应急科普传播系统不断更新迭代，脉络更加清晰，工作人员的实践操作更为顺畅。由此不难看出，应急科普传播的发展是从实践部分开始的，与此同时，应急科普传播的必要性也在实践中浮出水面。

（一）复盘突发事件，总结过去经验

突发事件分为自然灾害、事故灾难、公共卫生事件和社会安全事件四大类。近年来，我国发生了新冠疫情、河南洪灾、四川山火等多次公共突发事件，影响之深之远都引起了各方的关注。这些突发事件发生之后，为降低其所造成的危害，保护人民的生命安全及财产安全，我国政府及时投入大量人力、物力、财力开展公共突发事件的应急与处置工作。应急科普通过媒体渠道贯穿公共突发事件处理的始终。

我国地大物博，人口众多，因此无法避免突发事件，但我们都希望将突发事件带来的损失降到最低。媒体拥有很强的资料保存能力，那些贯穿事件始终的应急科普报道文章是有效的文本资料，记录了曾向受众传播了什么信息，也记录了在应急过程中有关部门做了哪些努力，这都是复盘时的珍贵资料，有理有据地阐释了在应急实践中的优势和不足。对保存的材料进行分析，找出突发事件发生的原因，总结处理经验，都是在为未来的突发事件做准备，为指导未来的应急管理工作打下基础。

（二）立足眼下，提升国民应急能力

新媒体时代，由于信息“大爆炸”，受众面对的信息铺天盖地。但许多受众因缺乏筛选信息的能力，面对突发事件时总会不由自主地产生恐慌情绪。在突发事件中心，受众的过度恐慌很容易引发二次伤害。应急科普所承担的便是这部分的责任——用受众能够理解的语言把突发事件告知受众，以满足受众对信息的需要，同时为受众提供科学有效的应对措施，以降低受众的恐慌情绪，提升国民应急能力，从而减少人员及财产损失。

艾宾浩斯遗忘曲线揭示了人们对事件遗忘的规律，新媒体时代在信息“轰炸”的背景下，人们遗忘的速度只会更快，应急科普所传播推广的技术、方法、思想相对娱乐信息更为枯燥，难以形成记忆的内容。应急科普是连接科学与受众的桥梁。应急科普工作使得受众对特定的知识信息从了解到熟知，旨在构建良好的科普环境，以求与大众进行良性互动。

除此之外，突发公共事件因其突发性和强破坏性，往往会引起复杂多变、不容控制的舆情。新冠疫情暴发初期，尤其在武汉封城期间，各方知晓的科普信息都比较少，没有完整的科普报道，网络上流言、谣言层出不穷，引起不少民众恐慌。而在如丁香医生等健康科普类的公众号出现之后，系统且明确的科普知识解开了民众心中的疑惑，减轻了民众对新冠病毒的恐慌情绪。新媒体时代，网络舆情的不可控性更为强烈，网络公众的情绪更容易极端化，群体极化隐患不可忽视，因此需警惕具有显著危害性的群体舆情的形成。为保障网络安全和社会稳定，应急科普必不可少。应急科普沟通功能的一个重要特点是传播者与受传者的互动，不是单纯的宣教输出，而是双方能够理性地进行对话。这就要求应急科普传播者及时转化传播方式，关注受众的内心，激发受众的沟通欲望，减少负面舆情生成的条件，同时还应该对受众进行正面引导，而不只是冷漠地进行知识信息公开，忽略对舆论前期的把控。

目前，我国的应急科普工作在与受众交流步骤上仍然存在诸多不足，例如科普工作的积极性不足，无法高效利用新媒体工具等，应急科普工作仍任重道远。需要强调的是，应急科普很有必要性，虽然我国自改革开放以来经济、技术等“硬实力”飞速发展，但广大人民群众的知识素养，尤其是科学素养仍处于较低水平，与发达国家相比还有不小的差距。社会在进步，国家在发展，在“硬实力”发展到一定的水平之后，“软实力”的影响将逐渐超过“硬实力”的影响——全体国民的整体科学素养对国家的发展起着明显的推动作用。应急科普作为一种面向全社会的教育活动具有传播应急知识、提升国民应急能力、破除愚昧、指导未来发展方向的巨大功能。

（三）预警未来，构建标准化应急体系

我国应急科普实践活动在逐步增加，集中体现在社交媒体账号，尤其是官方媒体账号数量的激增，典型代表有国家应急广播微信公众号、应急管理部微博账号。随着应急管理部的组建与运行，我国应对突发事件的应急科普工作取得了长足的发展，但我国仍处于各类突发事件的易发期、多发期，复合性、并发性突发事件不断增多，迫切需要应急科普的体系化介入与支撑。此时，已有的应急科普内容是最好的文本资料，现有的应急科普工作也不能间断，而是应该随着社会实践不断调整，以寻找最适合的应急科普方式。这说明构建标准化应急体系是最重要的前提。

构建应急科普工作的标准化体系有利于提高应急科普的效率。标准化

体系为应急科普工作提供可参照的模版，可以优化资源配置，规范行业秩序，使应急科普工作实现可持续发展。应急科普工作如果有了普适的规范体系，形成对科普设施、方法、效果等的明确要求，评估应急科普工作成效就有了文本的有力支撑，也为进一步提高工作实效提供问题导向与路径思考。构建标准化的应急科普有利于“上传下达”。应急科普工作涉及面广，既有基础性科普工作内容，又有管理方面的工作内容，二者性质不同，但又相辅相成，不可分割。建设好应急科普标准，使公众与有关部门可以进行有效沟通，是应急科普的合理工作方法，也是应急管理的重要组成部分。

应急科普工作不仅仅是在完成眼前的工作，还应着眼未来，为今后的应急管理工作打下基础。不应该是“亡羊补牢”的行为，也不应该是突发事件之后的偶发性行为，而应该成为必要的日常工作。有关负责人应当有“放长线”的思维，以便为未来工作作好铺垫。一切的实践行动最终都是在为解决问题服务，应急科普工作是一项历时长久、影响深远的工作。在解决完突发事件所带来的直接问题之后，我们也不能忽视次生问题，例如，应急科普各组织结构协作不顺畅，运行机制不同，资源配置不合理等问题。组织结构、运行机制、资源配置是应急科普工作的关键环节和核心要素，同时也是最容易出现问题的地方。因此，从已有的应急科普实践中提取“现象级”报道进行总结归纳，从而形成标准化的应急科普体系，是当前应急科普工作的重中之重。

二、应急科普传播的内涵与框架

习近平总书记强调指出：随着我国经济社会发展进入一个全新发展阶段，中国社会主要矛盾转变为人民日益增长的美好生活需要和不平衡不充分发展之间的矛盾。这一基本国情同样适用于应急科普领域，比如，突发事件的大量信息无法第一时间输送给受众，无法满足受众的信息需要，不同受众之间还拥有巨大的信息差。

在应急科普与传播工作上，只有对实践问题的认识是不够的，还需要有充分的理论层面认知，才可以使应急科普工作人员更具有专业性，对问题有更深入的理解，接下来的应急科普工作才会更加得心应手。

（一）应急科普传播的内涵与功能

应急，即应对突然发生的需要紧急处理的事件。科普，即科学普及，或称大众科学普及，是指利用各种传媒以浅显的、通俗易懂的方式，让公众接受科学知识或技术。科学普及是一种社会教育。应急科普是一种以突发事件为内容针对公众的一种知识性社会教育。学术界和业界通常将应急科普的内涵进一步细化：应急科普是指针对突发事件及时面向公众开展的相关知识、技术、技能的科学普及与传播活动，其目标是提升公众应对突发事件的处置能力和应急素养，最大限度地减少突发事件对人民生命健康、财产安全以及经济、社会的冲击。该内涵的落脚点在于应急科普的传播内容，具体操作和最终目标凸显的是“为人民服务”的精神内涵。

应急科普的传播内容有两大部分功能：其一是对已经发生的事件进行的应急性科普服务；其二是日常进行的预防式教育。对于已经发生的事件，受众会受求知欲、相关性等原因的影响而产生对信息的渴求。通常应急科普工作会对事件的起因、经过、结果等内容进行有侧重的报道，以保障受众的知情权，以及展现相关部门的工作能力，安抚受众情绪；针对未发生的事件的报道，是一种前置性素质培养行为。应急科普工作的核心是为人民服务，前置性的知识传播为受众积累应急常识提供了有利条件，为全社会搭建了应急科普平台，增强了公众的预防意识和技能，起到了“防患于未然”的效果。

进行应急科普传播时要充分考虑前置化，在热点话题形成之前，将行之有效的知识、方法、技术传递给受众，从而为受众打好思想“预防针”，以减少人员和财产损失。

为达到该目标必须制订行之有效的战略方法。当前形势下，应发挥科技工作者的专业优势，将专业科普知识与新媒体技术进行有机结合，全方位、多角度、及时、准确地向公众提供权威科普知识。应急科普工作应与网络监管部门进行联动，实时监控网络谣言的出现与传播。伪科学内容受到新媒体信息流动速度极快的影响，会进行病毒式的传播，干扰受众对事实的判断，造成负面影响。应急科普可以通过前期的监控抑制谣言的产生和传播。一旦虚假内容进入传播渠道，可以及时进行更正、纠偏，消除公众的误解，合理引导社会舆论。

2019年以来，我国学术界和业界对应急科普传播的内涵与功能理论进行了高质量的丰富和发展，但有关应急科普的研究依然处于案例分析阶段，尤其是多为针对新冠疫情的研究，未免忽视了对其他突发事件的关注。这需要应急科普工作的进一步深入，也需要有关部门的有效支持与配合。

应急科普传播的社会功能归纳起来有以下五点：（1）应急科学知识普及功能；（2）应急知识普及的专业化传播功能；（3）日常安全预防教育功能；（4）多方面应急知识凝聚功能；（5）促进应急科普传播学科发展功能。

（二）应急科普传播的特点

新媒体在应急科普实践工作中起到了重要作用，促进了应急科普传播的发展。在突发事件的应对中，应急科普传播展现出以下特征：

1．挑战性

新媒体时代，技术的更新迭代速度非常快，很多应急科普工作者学习技能的速度跟不上技术更新的速度。因此，每一次突发事件都会提出许多新的科技问题，对科普工作者提出了新的挑战。如何集广大科技工作者的智慧，及时给予公众相关的科普知识，在一个陌生的领域迅速开展科普工作，是当下很重要的一项任务。

传统媒体的应急科普工作人员在处理文章等方面具有天然优势，但当转移到新媒体平台之后就会产生一系列的“水土不服”现象。新媒体应急科普平台的聚焦点不再是文字信息，而是图片、视频与互动内容的结合。在这个过程中，如何拍摄吸引受众眼球的图片、视频，制作互动产品是最具有挑战性的部分。例如，在对重庆山火事件的宣传报道中，为讲解“以火攻火”的原理所制作的视频，采用了全景拍摄、延时摄影的方式，取得了积极宣传的效果。未来的应急科普报道在技术的选择、运用上具有挑战性，需要认真地评估，以最优的呈现方式，发挥应急科普传播的最大传播普及优势。

2. 系统性

应急科普工作需要建立配套的政策法规。系统性的应急科普工作需要各主体拥有共同的目标、内在动力，并根据统筹政策、法规进行沟通与合作，形成合力，在短时间汇集更大的力量，迅速完成庞杂的科普工作。政府发布的政策、法规在整合资源、推行措施等方面起到了重要作用，尤其是在推动科学领域人才与公众进行沟通，加大政策扶持和引导等方面。一系列政策、措施的出台捋顺了应急科普传播的过程，为公众提供了更多优质的应急科普服务，为应急科普产品的产生提供了制度保障，推动了各项应急管理工作的开展。

社会治理是国家治理体系的重要组成部分，社会治理能力是国家治理能力题中应有之义。应急科普作为应急管理体系的主要内容之一，也是提高社会治理水平的重要一环。在应急科普传播的过程中要始终坚持党的领导，要坚持全国一盘棋，注意整合应急科普宣传教育资源。目前，我国的应急科普工作的系统性处在发展过程中，我们对突发事件应进行科学、有序、快速的响应，充分发挥多元主体的协作作用，各地方政府积极推动互利共赢的信息共享系统，有针对性地帮扶互助，避免“有科难普”“能普缺科”现象，实现资源协同、人才协同、创意共享等。

3. 专业性

应急科普工作具有较强的专业性。应急科普传播的内容常常会引用大量专业文献、官方文献和期刊文献，因此具有很强的权威性和时效性。引用专业文献，保证了传播内容的科学性，更有利于以权威的姿态摒除谣言，切实为受众提供有效的科普信息。

使用应急科普装备与设施同样需要极强的专业性与创新性。数字化时代，网络是受众获得信息的重要渠道，“互联网+”模式也被用到应急科普方面。尤其在疫情期间，应急科普的宣传阵地被拓宽至新媒体平台，线上科普模式被纳入大型综合类科普活动。专业设备和创新方式的运用，对新媒体应急科普起到了“锦上添花”的作用。

4. 通俗性

应急科普涉及多方面的内容，专业性较强，但在传播的过程中，要求科普语言的简洁化与通俗化，从而更加有效地进行应急科普传播。应急科普传播的受众广泛，其社会层级、收入水平、受教育程度皆不相同，过于理性的传播很难让全部受众接受。

应急科普传播的内容越通俗，传播效果越好。内容越通俗，更方便受众了解传播内容，缩短受众和传播者之间的距离，引起受众的共鸣。

但是通俗性不代表缺乏科学性，不代表为了贴近受众的认知水平而故意发布一些知识含量低，甚至是伪科学的内容，而是转变话语方式，将繁复的专业词汇用大众能理解的词语进行翻译。同时，要在传播过程中反复阐述高频专业词汇，并使用实例来加深大众的记忆与理解。

应急科普传播同时具有专业性和通俗性的特征，即传播内容的专业性和受众接收的通俗性，如何平衡二者之间的关系是学界和业界需要进一步思考、讨论的重点。

5. 广泛性

突发事件与我们每个人息息相关，不仅关系到财产安全，更关系到我们每个人的生命健康，甚至会对社会经济发展造成破坏，因此，应对突发性公共事件最好的办法就是科学预防。对于应急科普传播来说，科普受众要具有广泛性，即要进行全民教育，而非仅对少部分人进行教育。

6. 持续性

应急科普传播不是在突发事件发生后才进行的科普传播活动，而是一种常态化传播。这样才能更好地进行宣传教育，培养更多专门从事应急科普工作的人才，才能将应急科普工作推进下去。因此，应急科普传播需要具有持续性。

各高校应重视专业应急科普专业人才的培养教育，例如在各高校开展社团活动，邀请“蓝天救援队”等专业机构进校进行专业知识讲解，或者由应急管理部牵头设立专门的应急科普管理专业，为科普工作输送新鲜血液。在培养教育过程中与学生进行良性互动，激发学生对应急科普的热情，合理设计专业教学课程以提升学生的理论水平。在系统化、全面化的应急科普培育教育过程中，塑造一批新时代的应急科普人才，为未来的应急科普工作打下基础。

（三）应急科普传播的时代性与框架

目前我国的应急科普传播框架主要呈现以下时代特征：从宏观角度可分为以《人民日报》和应急管理部为代表的主流媒体所使用的政府治理框架，和以“丁香医生”为代表的自媒体所使用的科普解答框架。从中观角度，官方主流媒体的信息源以各有关部门的组织机构为主，自媒体科普账号的信息源则更倾向于专家学者，民众拥有一定的话语地位。从微观角度，官方主流应急科普媒体的报道内容严肃，形式较为固定；自媒体科普账号的报道语言更为活泼，形式多元。其时代性特征具体如下：

1. 主流媒体重宣传，自媒体重科普

官方主流媒体是党和政府的喉舌，承担着发布各种政策信息的职责，在应急科普的报道中需要侧重建立政府治理框架，呈现政府与媒体的公信力，及时向受众传达各种相关的会议内容，解答受众对于各种制度法规的疑惑之处，推动应急科普的系统化建设。

自媒体应急科普账号更多的是以受众的需求为导向，从权威专家那里获得科学专业的信息，很少报道具体政策内容。这是因为自媒体账号与主流媒体相比，很难直接获得政府信息，哪怕是必要的政策信息也多是从主流媒体转载的二手材料。自媒体应急科普账号进行的科普内容宣传更契合新媒体时代的传播规律，其报道框架受媒介特征的影响，不因政策的变动而转移。

2. 主流媒体重政府，自媒体重大众

主流媒体因直接受到政府部门的支持，消息来源正规，还可以近距离接触到部分工作人员或者出席相关的新闻发布会，所公布的报道极具权威性，便于受众接收有效信息。受众还可以根据报道的行文言辞了解政府的意见和态度。主流媒体的应急科普无论是主体还是内容都更具有政治性，以官方的身份所接触到的内容也比其他媒体更具权威性。

自媒体的消息来源更为广泛，一篇报道可能存在多个消息源，最为显著的一点就是引用专家信源。专家学者的意见与建议往往具有一定的个人倾向性，会有理性和感性的碰撞，更贴合受众的心理，强调为受众服务，在一定程度上与主流媒体的政治因素形成了平衡。专家、学者比普通受众更近距离接触突发事件，他们所获得的消息会更加全面具体，也更有说服力，甚至能够发挥意见领袖的作用，促进应急科普知识的传播。自媒体应急科普账号不是官方主流媒体的复制品，其最终落脚点在服务受众上，尤其符合受众需求和受众心理。

3. 主流媒体重纪实，自媒体重叙事

主流媒体在进行应急科普传播时常常发布各种通讯和消息，力求在事件发生的时候能够最快地把事情向受众传达清楚。主流媒体的视角更高，站在统筹全局的位置上面面俱到地描写事件的起因、经过和结果，如果事件的重要性更强，则主流媒体发布的内容更多；如果事件的重要性弱，则主流媒体的报道会有所偏重，讲明事件简要情况即可。主流媒体的应急科普目的主要是答疑解惑，减少和消除受众焦虑不安等负面情绪，从而安抚民众，加强社会凝聚力。大多数时候下，主流媒体将事件的全过程讲清楚，尽量做到公开透明，就可以安抚好民众。

自媒体账号在进行应急科普的时候也需向受众讲明事件的情况，但常常会带有一定的视角，例如以受众为主角，或以意见领袖为主角，甚至会代替受众向相关部门提出具有代表性的问题。自媒体账号更关注受众心理，图文并茂地呈现事件，缓解受众对官样文章的排斥与漠然，呈现的内容也多以受众为主体，代替受众去质疑，替受众去寻找答案，从而有效缓解受众的焦虑紧张情绪。各种自媒体账号都遵循媒体的定位规则，最大程度地发挥了媒介的特色。

主流媒体应急科普的文章范式更规范，体现了严肃认真的媒体风格。从文章标题的呈现形式来看，主流媒体应急科普文章常常以组合标题的形式出现，副题和肩题出现的频率都很高，基调以正面或中立为主，否定词汇很少会出现。为了更清晰地展现事件，主流媒体应急科普文章会把时间、地点、数字等内容直接展现在标题之上，很少使用修辞手法，文章主体平铺直叙，以提升向受众传递信息的效率。

相比之下，自媒体应急科普文章更为灵活生动。虽然组合标题很少出现，但标题形式更为新奇，可读性强，使用网络用语的频率也更高，更能吸引受众的注意力。文章里常常使用拟人、比喻等修辞手法，句式更为丰富，长句短句结合，还会以打油诗开头、结尾，疑问句、感叹句的使用

也更频繁。

应急科普内容的生产、分配、交换与消费都影响着受众的认知，主流媒体和自媒体上的内容受到媒体定位和地位的影响存在着较大差异，因此所运用的框架也大有不同。应急科普框架实际上就是在各种因素相互影响、作用下，将科学知识转化为科普作品的过程当中所呈现出来的一种特质。

根据上述分析，结合拉斯韦尔关于传播学的5W理论，本书所指应急科普传播的分析框架大体如下：（1）应急科普传播主体和客体，涉及第二章内容；（2）应急科普传播手段，涉及第四章、第五章内容；（3）应急科普传播的社会环境和过程，涉及第三章内容；（4）应急科普传播的效果（价值和意义），涉及第一章内容。

三、与相关学科的关系及其地位

（一）与管理学的关系

管理学，又称管理科学，是研究管理规律、探讨管理方法、建构管理模式、取得最大管理效益的一门学科。管理学涵盖了数学、社会科学与经济学等的内容，并与它们相互渗透而发展出来，因此，它既有理工学科的属性，也有社会学科的属性。在实际应用过程中，管理学已经扩展到各个领域，形成了内容广泛、门类齐全的独立学科体系，管理学已经成为同社会科学、自然科学并列的第三类科学。

应急科普从属于应急管理工作。要想高效地开展工作，就不能忽视对管理学理论的应用。只有科学地规划操作计划、方法，提高组织和控制能力，以适应应急科普工作的需要，应急科普在真正实施时才能够切合实际。

（二）与心理学的关系

心理学是一门研究人类心理现象及其影响下的精神功能和行为活动的科学，具有突出的理论性和应用实践性。心理学涉及日常生活中的诸多领域，例如家庭、教育、健康、社会等，心理学尝试用大脑运作来解释人类个体的基本行为与心理机能，也尝试解释个人心理机能在社会中所扮演的角色。也就是说，心理学涉及人类生活的方方面面，人类心理活动与人类生存环境密不可分。

应急科普与心理学的关系密切，因为应急科普是面向全社会的工作，不能脱离心理学的范畴。应急科普的受众面很广，且不同的受众有相对独立、有特色的心理状况，如果能够精准把握受众心理，直击受众真正的心理需求，应急科普工作将开展得更加顺畅。

（三）与教育学的关系

教育学是一门研究人类的教育活动及其规律的社会科学。教育学通过对教育现象、教育问题的研究来揭示教育的一般规律。教育与社会的政治、经济、文化、人口等方面都有很大联系，教育学与人的发展有相互促进的作用。教育学的任务就是要探讨、揭示教育和人在发展过程中的规律，阐明各种教育问题，建立教育学理论体系。

应急科普是一种广泛的社会教育，它在工作中不断地向受众提供各种新闻信息和科学知识，力求转变受众思维，向受众灌输新的思考方式。教育学的实践方法对应急科普有指导作用，对于激发社会大众浓厚的科学兴趣，培养科学素质起到重要的作用。运用教育学方法调动受众的内在积极性，正如学校教育中调动学生学习的积极性，将教育对象从学生转变为社会上的多数公众，向普通公众传播科学知识，需要教育学的成熟理论的指导。

（四）与新闻学、传播学的关系

新闻学是研究新闻业和新闻工作规律的一门科学。新闻学把人类社会客观存在的新闻现象作为自己的研究对象，研究的重点是新闻业和人类社会关系，探索新闻业产生、发展的特殊规律。新闻学的中心议题是客观社会对人类新闻活动的作用以及新闻活动对社会的反作用。

传播学是通过汇集各种观点和方法来研究各种传播活动的一门学科。传播学研究人类一切传播行为和传播发生、发展的规律以及传播与人和社会的关系。简言之，传播学是研究人类如何运用符号进行社会信息交流的一门学科。

应急科普传播是利用各种传媒手段向受众传递信息和知识的一个过程，有关如何应对突发事件，或者针对突发事件进行报道都是应急科普传播的一部分。新闻学实践部分中的新闻报道是实现应急科普工作的形式，要让受众知晓突发事件是离不开新闻报道的。新闻报道也是受众了解突发事件的最直接方式，尤其是新媒体时代，受众可以根据自己的需要对媒体进行接触，从而满足需要。

传播学理论对应急科普的指导更多地体现在对受众舆论的维护上，应急科普工作人员掌握一定的传播规律之后，在突发事件传播的前期、中期、后期都进行科学的研判，及时掌握情况，从而为应急科普传播提供引导。

（五）与医学、卫生学的关系

狭义的医学只包括疾病的治疗和机体有效功能的恢复，广义的医学还包括中国养生学和由此衍生的西方的营养学。虽然东西方由于思维方式的不同导致研究人体健康与外界联系及病理机制的宏观、微观顺序不同，但所关注的主体都是人类。

应急科普传播无论是对突发事件的报道，还是知识性的科普都离不开对人类健康的知识传播。同时，医学和卫生学知识也是最好的辟谣内容，例如在新冠疫情期间，针对医学和卫生学的科普有效地抵制了谣言的传播，为公众的生命财产安全提供了保护。

总之，应急科普传播应该属于应急社会学类、应急传媒学类、应急文化学类的重要学科，是一门多学科交叉的具体学科。

第一章

应急科普传播的时代背景和意义

突发事件是指突然发生，造成或者可能造成严重社会危害，需要采取应急处置措施应对的自然灾害、事故灾难、公共卫生事件和社会安全事件。有学者认为，应急科普是针对突发事件中的问题展开的科普，突发事件的发生是应急科普的前提，与常态下开展的一般科普具有明显的差异。所以，他们提出应急科普是针对突发事件，根据公众关注的热点问题所开展的科普。也就是说，在突发事件发生的时候，科普工作者与相关部门针对公众的需求提供某方面的科技知识。有学者认为应急科普是为了预防和应对突发事件，在事件发生过程以及常态生活中展开的科普宣传工作，主张应急科普常态化。有学者给出了更广泛的定义，认为应急科普是针对突发事件，面向公众开展的相关知识、技术、技能的科学普及与传播活动，其目标是提升公众应对突发事件的应急素养，最大限度减少突发事件对人民生命健康、财产安全的冲击。此外，还有学者给出了其他定义，不同类型的突发事件对应的应急科普也有自己的定义，应急科普的定义也变得丰富和多样。

2022年8月16日，科技部、中央宣传部、中国科协联合发布《“十四五”国家科学技术普及发展规划》（以下简称《规划》）。《规划》在明确重点任务时，提出强化新时代科普工作价值引领功能，对加强应急科普工作作出重点谋划。《规划》明确提出，我们应加强应急科普工作。建立健全国家应急科普协调联动机制，完善各级政府应急管理预案中的应急科普措施，推动将应急科普工作纳入政府应急管理考核范畴。统筹自然灾害、卫生健康、安全生产、应急避难等科普工作，加强政府部门、社会机构、科研力量、媒体等协调联动，建立应急科普资源库和专家库，搭建国家应急科普平台。积极开展应急科普宣传活动，推进面向大众的应急演练、防灾减灾等科普工作，增强科普宣教的知识性、趣味性、交互性。完善应急科普基础设施，建设安全生产主题公园等安全文化教育基地，推动应急科普融入公众生产生活。持续提升应急管理人员、媒体从业人员的应急科普能力。

一、应急科普的发展历程

中华人民共和国成立初期，尚未充分认识到应急科普工作的重要性，而是重视发展我国的科普事业，直到2003年“非典”的暴发，我国政府才意识到应急科普的重要性。2003年后，应急科普真正进入大众视线，随后，我国不断出台政策与法规逐渐完善应急管理体系。

（一）1949—1976年：科普事业的开创阶段

1949年10月1日，中华人民共和国的成立为中国科技事业的发展提供了良好的政治环境。中国科普事业在继承历史的基础上进行了积极的探索，从1949年到1965年，迎来了第一次科普高潮。1949年11月1日，文化部下设的科学普及局，将科普看成破除封建迷信、进行马克思主义世界观教育的重要手段，向工农兵大众宣传科学知识，使他们掌握生产建设中的科学技术而认识自然发展的规律，这也是最开始我国进行科普教育的目的。1950年8月22日成立的“中华全国科学技术普及协会”（简称全国科普协会），开始关注技术知识的普及。全国科普协会以宣传、普及自然科学知识，提高广大人民群众的科学技术水平为宗旨。1953年，随着过渡时期总路线的提出，我国第一个“五年计划”的实施，国家进入大规模的经济建设时期，科普工作的普及也更加紧密。1953年4月，党中央向各省、市党委发出了《关于加强对科学技术普及协会工作领导的指示》。这是中华人民共和国建立后的第一个科普文件。1954年第一届全国人民代表大会通过的《中华人民共和国宪法》总纲第20条规定：“国家发展自然科学和社会科学事业，普及科学和技术知识，奖励科学研究成果和技术发明创造。”

设立科普机构是我国普及科学知识的又一重大举措。新中国成立以来，很多社会团体都从事过科普工作，但是始终没有一个统一的科普机构来领导中国科普工作。1958年，全国科普协会与全国科协合并，建立了一个全国性的、统一的科学技术团体——中华人民共和国科学技术协会（简称中国科协）。从此之后，中国科协是我国科普的主力军，进而形成了以政府为领导、中国科协为主体的科普工作模式。随着科普工作的展开，全国人民的科学文化素质也逐渐提高。1961年，中共中央提出了“调整、巩固、充实、提高”的八字方针，随着整个国民经济的好转，我国科普工作也开始调整。

（二）1977—2001年：科普事业的转型阶段

党的十一届三中全会以后，我国确立了改革开放的总方针。中国科学技术协会全面恢复工作。科普工作与经济工作紧密相连，科普出版事业空前繁荣，20世纪80年代初、中期出现了第二次科普高潮。1978年3月18日，全国科学大会在北京召开。这是一次历史性的盛会，也是中国科学技术发展的转折点，科学和知识分子的重要性得到空前肯定，为科普工作的恢复和繁荣提供了重要的基础。1980年，中国科协第二次全国代表大会在北京召开——距1958年中国科协第一次全国代表大会整整22年。大会确定了今后科普工作的发展方针和基本任务。大会指出：“科学技术普及工作，应当围绕‘四化’建设这个中心任务，面向生产、面向群众，面向基层。”1982年10月23日至25日，国家科委在北京召开全国科学技术奖励大会，会上明确提出我国科技工作“依靠”和“面向”的战略方针，即“经济建设必须依靠科学技术，科学技术必须面向经济建设。”《1978—1985年全国科学技术发展规划纲要（草案）》《发明奖励条例》《自然科学奖励条例》《技术改进奖励条例》等相继颁布实施。中国科技发展的重点从国防、军用系统转向军民结合，国家开始大规模建设工业园区和高新技术开发区，促进了科技产业的兴起。1986年6月23日，中国科协第三次全国代表大会召开，会议再次确定了科普发展方针。截至1986年，我国共有全国性学会138个，新增94个。全国28个省、自治区、直辖市恢复了科协工作。在全国县以及县以上的地市，93%设有科协；3000多个工矿企业设有科协，4.1万多个乡镇也有科协组织；全国有6万多个专业技术研究会。比较完善的科普组织网络逐渐形成，为科普工作的发展提供了坚实的组织保障。1988年，邓小平提出“科学技术是第一生产力”的理论，有力推动了科技与经济的紧密结合。1992年，党的第十四次代表大会明确提出了建立社会主义市场经济体制，科普工作开始关注最新现代科技、新知识以及科学思想的普及。1992年，随着社会主义市场经济体制的确立，科普工作逐渐成为科技转化为现实生产力的重要桥梁。1994年12月，中共中央、国务院就当前的科普工作发出了《关于加强科学技术普及工作的若干意见》。这是中华人民共和国成立以来，党中央和国务院共同发布的第一个全面论述科普工作的纲领性文件。1995年5月26日至30日，全国科学技术大会召开。这是继1956年知识分子问题会议和1978年全国科学大会之后科技界的又一次重要会议。以此为标志，我国科普事业进入新的发展时期，科技与教育被摆在了经济、社会发展的重要位置。1997年党的十五大进一步确立了科教兴国和可持续发展的国家战略，即经济增长方式由粗放型变为集约型，把国民经济建设重点转变到依靠科技进步和提高劳动者素质上来，明确把加速科技进步放在经济、社会发展的关键地位，再一次强调了提高劳动者素质的重要意义。这个阶段，科普工作经常化、规范化为科普转型提供了重要保障。

随着知识经济时代的到来，20世纪90年代，科学技术革命把世界带入了一个全新的时代。自从1994年我国与国际互联网实现互联以来，互联网在我国迅猛发展。互联网由于具有传播的广泛性、互动性、开放性等特点，引发了传统科普的变革。这一时期我国科普事业的发展主要是向现代化转型。

（三）2002年至今：科普事业的稳定发展阶段

2002年6月29日，《中华人民共和国科学技术普及法》（以下简称《科普法》）颁布施行，标志着我国科普工作进入了法制化、规范化和社会化的新阶段。《科普法》是当时世界上第一部有关科普的专门法律。《科普法》明确指出:“科普是项公益事业，发展科普事业是国家的长期任务”，“科普是全社会的共同任务。社会各界都应当组织参加各类科普活动”。同时还对各级人民政府、国务院科学技术行政部门、科学技术协会等在科普中的职责以及开展科普事业所需的资源保障进行了全方位的规定。随着建设创新型国家战略目标的提出，《国家中长期科学和技术发展规划纲要（2006—2020年）》和《全民科学素质行动计划纲要（2006—2010—2020年）》的颁布实施，标志着中国科普事业进入了历史最好时期，呈现出持续、稳定发展的态势。

2007年新修订的《中华人民共和国科技进步法》（以下简称《科技进步法》），再次明确了科普事业的定位:“国家发展科学技术普及事业，普及科学技术知识，提高全体公民的科学文化素质。”《科技进步法》和《科普法》，从法律上完成科普的地位确认和制度支持，从而强化了科普事业的统筹性、社会性。2002年11月8日至14日，中国共产党第十六次全国代表大会召开。大会提出“全面建设小康社会”的奋斗目标，把提高“全民族的思想道德素质、科学文化素质和健康素质”列入实现小康社会的具体奋斗目标。2002年12月19日至20日，中共中央、国务院召开了全国人才工作会议，提出实施人才强国战略是党和国家一项重大而紧迫的任务。从此，“人才强国战略”“科教兴国战略”和“可持续发展战略”共同成为我国发展的重要战略，对科普事业的发展产生了重要影响。

2022年9月4日，中共中央办公厅、国务院办公厅印发《关于新时代进一步加强科学技术普及工作的意见》指出，坚持党的领导，把党的领导贯彻到科普工作全过程，突出科普工作政治属性，强化价值引领，践行社会主义核心观，大力弘扬科学精神和科学家精神。到2035年，公民具备科学素质比例达到25%，科普服务高质量发展能效显著，科学文化软实力显著增强，为世界科技强国建设提供有力支撑。

在2003年以前，关于应急管理的研究主要集中在灾害管理研究方面。我国应急管理体系建设始于2003年总结抗击“非典”的经验和教训。2003年春，我国遭遇了一场由“非典”引发的从公共卫生到社会、经济、生活全方位的突发公共事件。党和国家及时总结我国经济社会发展中存在的不全面、不协调、不可持续和应急管理体系缺失等问题，提出全面加强应急管理建设的重大命题。2003年7月28日，在抗击“非典”取得胜利的表彰大会上，党中央、国务院第一次明确提出，政府管理除了常态以外，也要高度重视非常态管理，提出“争取用3年左右的时间，建立健全突发公共卫生事件应急机制，提高突发公共卫生事件应急能力”。这是我国政府第一次把非常态管理提上议事日程，这是我国应急体系建设的第一个里程碑。

2004年5月，国务院办公厅将《省（区、市）人民政府突发公共事件总体应急预案框架指南》印发各省，要求各省人民政府编制突发公共事件总体应急预案。2004年9月，党的十六届四中全会作出《关于加强党的执政能力建设的决定》，从加强党的执政能力和政府执行力的层面进一步提出建立健全社会预警体系，形成统一指挥、功能齐全、反应灵敏、运转高效的应急机制，提高保障公共安全和处置突发公共事件的能力。

2005年1月，温家宝总理主持召开国务院常务会议，原则通过《国家突发公共事件总体应急预案》和25件专项预案、80件部门预案，共计106件。2005年底，我国突发公共事件的应急预案体系框架基本构建完成，这是应急体系建设的第二个里程碑。

2006年1月8日，国务院授权新华社全文播发了《国家突发公共事件总体应急预案》（以下简称《总体预案》）。《总体预案》是全国应急预案体系的总纲，明确了各类突发公共事件分级分类和预案框架体系，规定了国务院应对特别重大突发公共事件的组织体系、工作机制等内容，是指导预防和处置各类突发公共事件的规范性文件。《总体预案》的出台使得我国突发公共事件管理登上一个新台阶。2006年3月，国家制定《中华人民共和国国民经济和社会发展第十一个五年规划纲要》，第一次提出“开创社会主义经济建设、政治建设、文化建设、社会建设的新局面”的要求。在这个总要求下，提出“建立健全社会预警体系和应急救援、社会动员机制。提高处置突发性事件能力”。党和国家把应急管理体系建设纳入国家经济社会发展战略规划和社会主义现代化建设“四位一体”的总体布局中，明确了应急管理的定位、目标、任务和政策。该规划的发布和实施，是应急体系建设的第三个里程碑。

2006年8月，党的十六届六中全会通过《中共中央关于构建社会主义和谐社会若干重大问题的决定》（以下简称《决定》），正式提出了我国按照“一案三制”的总体要求建设应急管理体系。《决定》指出：“完善应急管理体制机制，有效应对各种风险。建立健全分类管理、分级负责、条块结合、属地为主的应急管理体制，形成统一指挥、反应灵敏、协调有序、运转高效的应急管理机制，有效应对自然灾害、事故灾难、公共卫生事件、社会安全事件，提高危机管理和抗风险能力。”至此，我国基本完成了应急管理体系框架的蓝图设计工作。2006年9月，国务院召开第二次全国应急管理工作会议，进一步推动应急管理体系建设。2007年，国务院下发《关于加强基层应急管理工作的意见》。全国人大常委会通过《中华人民共和国突发公共事件应对法》（以下简称《突发公共事件应对法》），并于2007年11月1日正式实施。

2008年6月，在经历南方雪灾和汶川地震后，党中央、国务院深入总结我国应急管理的成就和经验，查找存在问题，提出进一步加强应急管理的方针政策。2008年10月8日，胡锦涛总书记在党中央、国务院召开的全国抗震救灾总结表彰大会上指出："要进一步加强应急管理能力建设，大力提高处置突发公共事件能力。要认真总结抗震救灾的成功经验，形成综合配套的应急管理法律法规和政策措施，建立健全集中领导、统一指挥、反应灵敏、运转高效的工作机制，提高各级党委和政府应对突发事件的能力。要大力建设专业化与社会化相结合的应急救援队伍，健全保障有力的应急物资储备和救援体系，长效规范的应急保障资金投入和拨付制度，快捷有序的防疫防护和医疗救治措施，及时准确的信息发布、舆论引导、舆情分析系统，管理完善的对口支援、社会捐赠、志愿服务等社会动员机制，符合国情的巨灾保险和再保险体系。通过全方位推进应急管理体制和方式建设，显著提高应急管理能力，最大限度地减少突发公共事件造成的危害，最大限度地保障人民生命财产安全。"

我国在应急管理的理论研究和实践探索方面，通过对"三点一面"的总结，回答了历史提出的三大问题。第一，在新的历史时期政府如何认识风险，怎样防范和应对风险；第二，要建设什么样的应急管理体系，怎样建设比较完善的中国特色的应急管理体系；第三，应急管理体系与促进经济社会协调发展是什么关系，怎样通过加强应急管理体系建设推动国家治理方式创新，促进经济社会又好又快发展。

从2008年至今是我国的应急管理体系配套完善阶段。这一时期，我国逐渐形成了以《突发事件应对法》为中心，各单项法律法规相配套的应急法制体系；以国家应级预案为最高级，各地方、企事业单位预案为分支的应急预案体系。构建起了预防监测、应急响应和处置、善后救助恢复等环节的应急管理机制。2018年3月，全国人大会议通过了组建应急管理部的决定，标志着我国应急管理工作进入法治化、制度化、规范化的发展阶段。2019年，党的十九届四中全会通过了《中共中央关于坚持和完善中国特色社会主义制度、推进国家治理体系和治理能力现代化若干重大问题的决定》，要求构建统一指挥、专常兼备、反应灵敏、上下联动的应急管理体制，优化国家应急管理能力体系建设，提高防灾减灾救灾能力。2020年，党的十九届五中全会提出要“统筹发展和安全，建设更高水平的平安中国。坚持总体国家安全观，实施国家安全战略，维护和塑造国家安全把安全发展贯穿国家发展各领域和全过程，防范和化解影响我国现代化进程的各种风险”。2020年初，新冠疫情的暴发对我国突发公共卫生事件的应急科普工作再次敲响警钟。我们除了加强对科普传播工作的重视之外，在资源调配、机制与法制建设等方面也需不断完善。

2022年10月，党的二十大报告强调，坚持安全第一、预防为主，建立大安全大应急框架，完善公共安全体系，推动公共安全治理模式向事前预防转型。

二、我国应急科普发展现状

1949年以来，我国应急管理体系经历了分灾种管理、综合化应急管理、职能化应急管理三个阶段。在分灾种管理阶段（1949—2003年），应急管理主要采取单部门负责制，同时根据突发事件形势和具体事件处置需要，成立一系列跨部门的协调机构和临时性的应急指挥部。在这一时期，“应急管理”的表述较少使用，主要以“灾害管理”来表达。鉴于分灾种应急管理体制越来越无法有效应对突发事件，特别是2003年“非典”暴露出的问题使应急管理体制改革更加迫切，我国应急管理逐步进入综合化应急管理阶段（2004—2017年）。这一阶段我国建立起“一案三制”的应急管理框架，即应急预案、应急管理体制、应急管理机制和应急管理法制。2009年，我国将“一案三制”国家预案体系转变为“一法两制三支撑”总体框架体系，即建立“应急法律法规体系为前提，管理体制和机制为保障，灾害应急人才、资源和科技三支撑体系为基础”的国家灾害应急体系新框架。当前，我国正处于综合化应急管理向职能化应急管理转换阶段（2018年至今）。我国先后出台了《应急管理科普宣教工作总体实施方案》以及《国家专项应急预案》，开展了我国灾害应急体系建设研究。

2018年，在总体国家安全观框架下，我国组建了应急管理部，以专业化、职业化的方式重组与规范了之前多个跨部门的灾害应对职能，主要负责自然灾害和事故灾难两种类型事件的应急管理，公共卫生事件和社会安全事件仍分别由卫生和公安等职能部门负责。

就防控体系而言，我国从预防与准备、监测与预警、处置与救援、恢复与重建四个环节持续完善防控体系。在预防与准备阶段，积极落实部门主体责任，将突发事件按照一些客观指标划分为四个等级，在修订完善应急预案体系、强化多领域的应急演练、开展全国灾害风险普查、加强应急宣传教育培训等方面采取了多项措施。在监测与预警阶段，相继成立了国家应急广播中心平台、国家预警信息发布中心平台、国家传染病与突发公共卫生网络直报系统等，并逐步加强大数据、人工智能、互联网等新技术在各类型突发事件监测预警中的应用，不断完善网络舆情和各类突发事件监测预警体系建设。在处置与救援阶段，按照“属地为主”的处置原则，坚持发挥地方政府的主体应对作用，应急管理部及相关部委根据情况迅速启动应急响应，派出救援队伍、调配救援物资。对于特别重大的突发事件建立区域间帮扶机制。在恢复与重建阶段，对灾后恢复重建越来越重视，全方位帮助受灾地区恢复经济社会秩序，对灾害影响严重的地区给予一定补偿，出台一系列扶持优惠政策，加强了对突发事件原因的调查与相关人员的问责，同时也更加关注受灾人员的心理健康。

就支撑保障体系而言，我国在法律法规以及人、财、物、科技、产业和宣传教育等方面持续完善。在法律法规体系建设方面，不断完善突发事件的相关立法，出台《突发事件应对法》《突发公共卫生事件应急条例》《重大动物疫情应急条例》等，新冠疫情的防控促使我国立法机关加快推进《突发事件应对法》修订。在人才保障方面，包括各类武装力量、专业应急救援队伍及大量志愿队伍在内的应急管理队伍不断壮大，在人才培养上已有多所学校设置应急管理专业方向，很多综合性大学纷纷成立应急管理学院，增设应急管理专业。在资金保障方面，我国应急管理的财政资金来源包括常规储备资金、年度预算安排、突发事件发生时的财政专项拨款等。在物资储备调度方面，已初步形成国家、省、市三级政府应急物资储备体系，由应急管理部负责制定应急物资储备和应急救援装备规划并组织实施，会同国家粮食和物资储备局等部门建立健全应急物资信息平台和调拨制度。在科技支撑方面，已开始深度应用大数据、“互联网+”等技术，构建多类型多层次的平台体系，推动应急管理平台之间互联互通、数据交换、系统对接、信息资源共享。在应急产业支撑方面，应急产业的培育和发展得到政策扶持，国务院办公厅、国家发展和改革委员会、工业和信息化部、应急管理部等出台了一系列支持应急产业发展的政策，各类应急产业协会、社会团体和非营利性组织相继成立。在宣传教育方面，在社区、学校、社会等以多种方式进行系统化应急宣传教育，利用广播、电视、报纸、互联网等各类媒介，向居民加强应急知识的科普和宣传，推进应急知识进教材、进课堂，普及推广全民防灾减灾知识和避灾自救技能。

（一）应急科普基础设施建设现状

自2003年“非典”事件之后，我国开始加强应急管理体系的建设，应急科普工作也随之步入正轨。2016年以来，党中央、国务院以及各有关部委分别下发了《中共中央、国务院关于推进安全生产领域改革发展的意见》《中共中央、国务院关于推进防灾减灾救灾体制机制改革的意见》《安全生产“十三五”规划》《关于加强全社会安全生产宣传教育工作的意见》《加强新时代防震减灾科普工作的意见》《国家防震减灾科普教育基地认定管理办法》等一系列重要文件，多次部署应急科普工作并提出明确要求，其中“体验场馆”和“体验教育”成为高频词汇。在政府的引导下，体验式应急安全教育以其高效的教育效果已逐渐得到社会的认可，全国应急安全体验场馆如雨后春笋般成长起来，成为应急科普工作的重要内容。体验馆理念进入中国时间较短，目前应急安全体验场馆的建设进入集中快速发展的时期，场馆形式和内容呈现多样性，经营模式尚处于探索阶段。从场馆形式、内容设计、面向对象、建设主体和运营模式等方面可以将我国应急安全体验场馆分为五大类。最普及的是政府投资建设的重大灾难纪念馆，此类场馆数量不多，但规模和影响力较大，一般都是政府投资建设的公益性场馆，场馆以展示灾难情况为主要内容，具有纪念、展示、宣传、教育、科研等功能，主要承担爱国主义教育、青少年思想道德教育、防灾减灾知识普及、科普研究、对外形象宣传等任务。如“5・12”汶川大地震纪念馆占地14.23万平方米，建筑面积14280平方米，真实记录了“5・12”汶川特大地震灾难、抗震救灾以及灾后重建的历程，是地震灾害研究基地和世界级地震科普教育基地。甘肃舟曲特大山洪泥石流灾害纪念馆按照“原真保护、艺术再现、尊重逝者、鼓舞后人”的建设思路，在灾情最为严重的三眼峪冲击口与白龙江堰塞湖的交汇处修建，反映舟曲人民和救援大军万众一心、团结一致的抗洪救灾精神，展示救援人员无私奉献的精神和满怀感恩的舟曲情怀，展现舟曲灾后恢复重建和经济社会发展取得的重大成就。另外，诸如唐山抗震纪念馆、玉树州抗震救灾纪念馆、盐城抗击“6・23”特大龙卷风纪念馆、鲁甸地震纪念馆、大兴安岭“五・六”火灾纪念馆等均属于此类。

迅速发展的综合性应急安全体验场馆一般由地方政府支持，委托第三方兴建，内容包括消防、交通、地震、台风、应急救护、石油化工、建设施工、家庭应急、劳动保护等应急领域的多个方面，并免费向社会公众开放。此类场馆在政府的大力推动下近年来增长最为明显。其中，专业性应急体验馆的数量最多，如消防类体验场馆，此类体验馆起步早，占比最高，但场馆普遍较小，且部分建在消防救援队实训基地中，公众参与程度较低。以浙江为例，据不完全统计，浙江省各类公益类体验馆共160余座，其中消防类的120余座，占比达到75%。除此之外，还有地震类体验馆，此类体验馆以地震灾害的成因、自救互救、灾后救援等为主要内容，大多在地震相关部门的支持下建设，截至2018年底，全国共建成国家级防震减灾科普教育基地113个（中国地震局认定），省级防震减灾科普教育基地558个（各省级地震局认定）。以山东潍坊市金宝防震减灾科普馆为例，该场馆由潍坊康平工程地震研究所和潍坊金宝乐园有限公司共同发起创建，以金宝乐园有限公司投资为主，政府财政补贴为辅，场馆建筑面积2350平方米，建设在金宝乐园国家AAAA级景区内，免费对入园游客开放，充分利用旅游资源吸引社会民众学习，在实现地震科普教育的同时，又能为金宝乐园增加旅游项目，实现互利共赢。除了消防类体验馆和地震类体验馆之外，还有交通类体验场馆、校园体验场馆、社区类体验场馆和大篷车式体验场馆。目前民营应急安全体验馆也在积极探索与建设中。近年来，政府对应急宣教工作的重视和人们日益增长的安全需求客观形成了良好的市场预期，部分私营企业也纷纷拓展此类业务，推出应急安全体验场馆、设备以及培训。例如山东省青岛市西海岸新区应急安全体验教育基地在当地政府的支持下，由青岛海丽雅集团投资2450万元建设，基地为半公益性质运营模式，内设消防安全教育体验区、自然灾害体验区、交通安全教育体验区、安全生产体验区、校园安全教育区、红十字会医疗救助教学区、禁毒教育基地、人民防空体验区及素质拓展区等九大板块。基地探索出了一条政府和企业融合发展的路子，政府每年补贴经费200万元左右，其他费用由企业负责。咸亨国际赛孚城由浙江咸亨国际通用设备有限公司建设，是集应急科普、应急装备展示与体验、应急文化传播等功能于一体的公共应急安全教育中心。该场馆目前基本实现了产业化运营，并向武汉、南京等地快速拓展，形成初具规模的应急安全教育全国连锁机构。总体上看，一些民营企业看到了这块市场的潜力，正积极探索，但总体处于起步阶段，需要政府的引导和扶持。

总体来说，体验式应急安全教育虽引起了社会重视，但还处于初步发展阶段，应急安全体验场馆运营模式、建设标准都还不成熟，还存在诸多问题，如应急安全体验场馆目前仍处于发展初期，国外发达国家的科普场馆多是参与型、演示型和体验型，而我国大部分还是传统陈列式，不适应社会对应急知识的需要。政府投资建设的综合性应急安全体验场馆普遍存在重建设、轻运营的问题，后期运维和管理跟不上、内容更新不及时导致公众参与积极性不高。场馆建设标准和规范缺失，部分场馆由于投资所限，展示体验内容单一，高水平、内容新颖、特色鲜明的体验场馆较少。场馆运营能力不足，有较强运营能力的专业公司数量不足，专业能力不高，运营和服务质量影响了民众参与积极性。专业性应急安全体验场馆除地震、建筑和消防外，其他行业缺少行政引导和激励，仅依靠市场自发形成，发展较为缓慢。体验式培训并未列入工人岗前培训和国民教育内容中，体验场馆运营后劲不足。

（二）应急产业发展现状

党的二十大报告中，习近平总书记阐明了新时代新征程党的使命任务，发出全面建设社会主义现代化国家、全面推进中华民族伟大复兴的动员会，不断开创应急管理事业发展的新局面。而随着我国应急管理事业的发展，应急产业发展基本呈现出了社会共识提高、发展速度加快、科技创新能力增强、应急保障能力巩固的势头。应急产业作为应急管理的重要物质和技术保障，始终受到党中央、国务院的高度重视。在中央政府的大力引导支持之下，各级地方政府、部分大型国有企业、民营企业发展应急产品积极性较高，研发、生产投入力度加大，包括设计、管理、标准、监测、认证、展示、物流等在内的产业体系初见雏形。企业对应急产品的投资由以往的被动、无意识状态，开始向主动、有意识状态转化；投资形式也开始由产品投入向产业投入转化；部分地区开始了应急产业园建设。但是目前，我国应急产业仍然发展较为缓慢，还没有形成完整、成熟的应急产业体系，民营力量仍然不足，只是在一些经济较为发达的省份，如浙江、江苏等，一些民营资本开始按商业化模式，自主投资应急产业园建设，但是经济欠发达的地区还没有充足的民营资本注入，甚至地方政府也没有较多的资金支持应急产业发展。因此，目前我国应急产业发展还处于起步阶段，各地区发展不均衡。

（三）应急科普人才队伍建设现状

党的二十大报告指出：必须坚持科技是第一生产力、人才是第一资源、创新是第一动力，深入实施科教兴国战略、人才强国战略、创新驱动发展战略，开辟发展新领域、新赛道，不断塑造发展新动能新优势。

这些新表述、新提法进一步彰显了党中央对教育、科技、人才事业的高度重视。应急科普人才不仅要具备较高的科学素养和一定的科研能力，而且要有敏锐的洞察能力和风险辨别能力，同时还要具备将深奥的科学知识进行普及传播的能力，具体可分为专家型、机构型、传统媒体型和新媒体型四个群体。从目前来看，我国科普人才总量严重不足，科普人才培养体系还不完善，尤其是科普创作人才极度缺乏，并且已经成为制约科普事业发展的瓶颈。应急科普的独特性决定了从事科普工作的人员必须具备相应的能力，较高的人才素质要求也使得我国应急科普人才尤其是复合型人才极度短缺。首先，专家型人才大多就职于科研机构或者高校，是科学知识的创造者，针对不同的突发公共事件类型，如自然灾害、事故灾难、公共卫生和社会安全事件，可以进行深入分析与预测。然而专家型人才队伍面临着科普传播难的问题。通俗地讲好一个技术的原理，有时候不比攻克一个科学难点容易，科学普及也需要有相应的技巧和能力，一项调查显示37.4%的科学家不知道如何进行科学传播。另外，大多数专家学者忙于科学研究工作，没有时间和精力参与应急科普。其次，机构型科普人才主要包括中国科协系统以及组成单位的科普工作人员，他们拥有专业领域的众多资源，属于科普界的正规军和主力人群。他们在坚持做好常态化科普的同时，也经常利用全国防灾减灾日、全国科普日、“119”消防宣传月等时机，积极开展主题宣传和应急演练等多种形式的应急科普活动。但是目前，这一群体面临着两大问题：一是队伍老龄化严重；二是缺少相应的激励机制，晋升渠道不畅，长此以往限制了优秀人才的成长，严重影响了科普创作积极性和热情，导致不能发挥人才的全部潜力。再次，传统媒体型应急科普人才主要是指传统媒体，如《人民日报》、中央广播电视总台和新华社等或主流网站中与科普内容相关的从业者。这一群体具备较高的政治素养和业务素质，在传播应急科普知识时，能够自觉坚守主流价值观，正确引导社会舆论。但是目前我国传统媒体型应急科普人才存在较大缺口，还没有形成体系化、专业化队伍。除此之外，大多数传统型媒体人才在应急科普知识传播方面暴露了一些不足，应急科普内容多是对专家意见的简单转述，缺少原创性的深入加工。最后，新媒体型人才大多是因为对科普的兴趣而从事这一领域，主要包括微信、微博、抖音、快手、哔哩哔哩等自媒体平台的自由科普人，他们未必具有专业性的知识与较高的学历，但在互联网上具有较强的传播力。但也正是由于非专业性以及缺少把关和审核，他们所生产的内容难免存在疏漏与错误，甚至存在出于商业利益，而忽视科普的客观性与严谨性的现象。

（四）应急科普宣传教育发展现状

加强应急管理宣教培训工作，是提高公众处理突发事件能力的需要，是增强公众公共安全意识、社会责任意识和自救互救能力的需要，也是最大程度预防和减少突发事件发生及其造成损害的需要。目前，我国应急宣传教育流于形式，形式单一，中小学应急教育较为薄弱。首先，应急知识的科普宣教包括宣传和教育。在宣传方面，宣传形式比较单调，效果不够显著，应急科普资源建设也相对落后。由于缺乏集成性、权威性的线上应急科普资源网站建设，目前各类科普内容资源大部分散在各大网站，不少优质的应急科普资源出现闲置或浪费，无法得到有效的传播。其次，国内科普媒体的宣传形式较为单一，多数偏向单向传播，缺少互动性，科普内容讲解过于晦涩难懂，因此，传播效果在一定程度上受到限制。在教育方面，尤其是中小学教育，中小学生不仅安全意识不强，在生活中更是缺乏规避危险的能力。目前我国应急科普宣传教育还出现了应急科普远离公众的现象，这也就导致宣传教育的成效有限。根据2018年9月世界公众科学素质促进大会发布的《中国公民科学素质建设报告（2018年）》，我国具备科学素质的公民比例从2010年的3.27%提升至2015年的6.20%，2018年进一步达到8.47%。但这一比例与发达国家相比还有一定差距。从应急科普本身来看，应急科普知识通常是某一领域的专业知识，科学性、技术性强，这对科普知识的宣传人员来说是一项考验。目前部分应急科普内容落后，与飞速发展的生产生活方式脱轨，应用价值不高。有的科普形式缺乏创新、枯燥乏味，导致教育效果不佳。此外，一些科学解释缺乏专家的支持，伪科普现象不同程度的存在，影响了应急科普知识的权威性和社会公信力。以上原因都导致应急科普工作远离公众，不利于应急科普工作的开展。政府针对正在发生的突发事件组织开展的应急科普活动的密度较大，相关科普宣传报道较多，但是，热点消退或事情进入平复期之后，一些后续科学议题的跟踪报道比较少，推动应急科普“常态化”的表现不足。换言之，目前我国的应急科普具有“短平快”的特征，可持续性并不强。实际上，应急科普不仅是在突发事件中普及相应的知识和技能，也需要在日常生活中不断进行防灾减灾知识的宣传，但是目前我国常态化应急科普教育工作仍有较大的改进空间。

三、发展应急科普的意义

应急科普就是通过普及、传播和教育，使公众和青少年了解与应急相关的科学技术知识，掌握相关的科学方法，树立科学思想，崇尚科学精神，并具有一定处理社会突发问题、参与公共危机事件决策的能力，实现在紧急状态下沉着冷静、科学应对的目标。近年来，全球气候变暖，强台风活跃，暴雨洪涝灾害增多，山洪、滑坡和泥石流等地质灾害增多，对社会健康发展、人民安居乐业构成重大威胁，这对全社会的应急意识、自救互救能力和科学素养提出了更高的要求。加强应急管理，保障公共安全，已成为各国政府不容回避的一项重大职责。公众作为突发事件的承受者和参与者，需要具备处理公共安全突发事件的综合素质。如果公众具备自救互救、防灾避险的应急知识，就可能在突发公共事件中大大减少伤亡。

我们应将应急科普工作纳入常态化工作中。这样有利于提高全民的应急意识与科学素质，实现全民科学素养的提高。在重大灾难来临时，我们可以避免出现重大人身安全事故以及财产损失。应急科普工作体现了政府对社会公众人身安全的重视，也是社会治理能力现代化的重要体现。

四、应急科普传播的发展历程

1949年中华人民共和国成立，为我国应急科普事业创造了稳定的发展环境，中国科普事业在继承历史的基础上进行了积极探索。从1949年至今，我国科普事业经历了三个发展阶段，每个阶段都有不同时期的发展特点。随着应急科普事业的发展逐渐走向成熟，我国应急科普传播体系也逐渐形成，科普传播的形式也越来越多样。应急科普传播作为应急科普事业中的重要组成部分，对于提高全民科学素质与应急能力具有重要作用。囿于我国应急科普传播发展较晚且资料文献有限，我们先从科普传播开始谈起。

（一）1949—1976年：科普工作初步发展

1949年至1976年，是我国向着科学进军的发展阶段。在这个阶段的科普主体是政府、全国科普协会以及科协工作者，而科普对象则是广大的农民与工人群众。在当时的时代背景下，主要通过图书、演讲、展览、电影以及其他的方式进行科普宣传。这一阶段我国科普工作旨在使广大劳动人民掌握科学的生产技术，除此之外，通过对科学的宣传破除封建迷信思想，树立马克思主义世界观。囿于客观条件的限制以及物质资源的匮乏，当时的传播方式较为单一，科普传播的重担主要落在中国科协的肩上。中国科协的前身是科普局和全国科普协会。在1949—1951年期间，科普局负责领导与管理全国的科学普及工作。当时正值新中国成立之初，百废待兴，而科普宣传的宗旨在于破除封建迷信思想，对广大工农群众进行辩证唯物主义的科学世界观教育。但是由于科普对象为广大的工人和农民，他们大多数文化水平较低，因此，科普的内容主要是以自然科学知识为主，科普形式主要是办展览、放映幻灯片。据不完全统计，1949年11月—1950年10月，全国总共举办规模较大的展览65次，其中城市58次，以巡回的方式在农村展出7次。

这些展览会的传播内容主要涉及自然科学知识，包括数学、物理、生物、化学、天文地理等基础科学，还有医药卫生领域知识，如妇幼卫生、传染病、病理、营养等，还包括与生产生活实际紧密结合的工业、农业等知识。新中国成立初期的这些科普活动，取得重要成效。大量的生物进化、从猿到人展览会的举办，破除了“盘古开天地”“上帝造人”等思想，有助于人民建立唯物史观；大量的天文知识、科学卫生知识宣传，在帮助人们破除“天狗吃月亮”等迷信思想，树立唯物主义世界观方面起到了重要作用。总之，从科普内容来看，这一时期的科普主要是基础自然科学知识的通俗化宣传。

科普局的发展，为全国科普协会的成立打下了坚实的基础。全国科普协会是新中国第一个科普团体。全国科普协会建立了遍及全国的科普网，为中国的科普事业打下了坚实的基础。全国科普协会以宣传普及自然科学知识，提高广大人民群众的科学技术水平为宗旨，一方面强调培养人们科学的世界观和爱国主义精神，另一方面强调为经济建设服务。科普的内涵由科学普及扩大至科学技术普及，在内容上不仅要普及自然科学基础知识，而且要普及实用技术知识，注重实用技能的推广，从而使科普工作由以往的以科普宣传为主，逐步向科普宣传与技术推广相结合的阶段过渡。

首先，从科普内容来看，侧重于自然科学知识宣传和实用技术知识的宣传，以及实用技术的推广普及。自然科学知识宣传主要集中在医药卫生知识、一般自然科学知识（包括生物进化、从猿到人等）、祖国的建设成就以及国防军事知识、工农业生产知识等方面，同时加强了对世界新兴科技知识的宣传。

其次，从科普对象来看，当时我国的科普对象依然为工农兵群众。由于一般工农兵群众文化水平较低，因此，举办直接面向群众的科学讲演成为科普宣传的重要形式之一。除了科学演讲，编写通俗科学读物和报刊也成为全国科普协会进行科普宣传的重要传播方式。1950—1957年，全国各地科普协会和总会共出版科普读物6374种。这些小册子文字通俗，附有大量插图，适合工人、干部和青年群体阅读。一般来说，科普传播级差越小，传播距离越近，科普传播的效率就越高，尤其是在社会公众知识文化水平很低，与科学家、科研人员的知识落差很大的情况下，科学讲演这种近距离的人际传播方式更为有效。据统计，1951—1955年各地科普协会和总会共计举办科学讲演52128次。

1956年党中央发出“向科学进军”的口号以后，科学讲演工作有了飞速发展。1956年开展科学讲演494328次，是前五年总数的近10倍。同时，各地科普协会和总会还通过创办科普专刊、小报，合办科学副刊等形式，刊载科普文章，介绍科学知识。1950—1958年，全国各地科普协会共出版地方性通俗科学报刊32种，其中专刊2种，小报11种，副刊19种；全国性通俗科学期刊6种，即《科学大众》《科学画报》《知识就是力量》《学科学》《科学普及资料编》《天文爱好者》。许多报纸，如《人民日报》《工人日报》《中国青年报》《文汇报》等经常刊登科普文章。另外，开办培训班、科学技术学校成为重要的科普形式。1958年9月，中国科协正式成立，科普内容由之前的科学、技术知识的普及与实用技术的推广并重，转变为以群众性技术革新、技术推广为主。随着科普内容的转向，科普内涵、科普主体、科普对象等都发生了改变。1961年，国民经济整体好转之后，科普工作又重新步入正轨。在这一阶段，大量优秀的科普作品涌现，如华罗庚的《数学及其它》、钱三强的《谈原子能》、钱学森的《近代力学》、黄昆的《半导体物理》等，大受读者欢迎。一些科普读物，如《十万个为什么》的出版，弥补了少儿科普读物的不足。《人民日报》《光明日报》等刊登了茅以升的《桥话》、梁思成的《拙匠随笔》、华罗庚的《大哉·数学之为用》等名篇。科普读物、期刊成为当时科普传播的主要形式。据估计，截至1967年，全国大约有科普期刊55种。最具有代表性且影响力较大的科普期刊为《科学画报》。《科学画报》于1933年8月由中国科学社创办，是我国历史较悠久的一本综合性科普期刊。《科学画报》的受众人群较为广泛，为了使科学知识能够为广大群众所理解和接受，办刊方式采取“用简单文字和明白有意义的图画或照片”，把世界最新的科学发明、事实、现象、应用、理论以及谐说、游戏形式介绍给读者。长期以来，《科学画报》以通俗生动、图文并茂的方式介绍最新的科技知识，形式多样地向大众普及科学知识，对于提高广大群众的科学水平具有重要作用。《科学画报》传播的内容主要包括几个方面：一是对基础学科的知识的普及与传播；二是对祖国建设新成就和苏联科技成就的普及；三是对世界科技新知识与科技新进展的传播。总体看来，《科学画报》的内容注重时效性，与国家政治经济发展形势相结合。除了《科学画报》，《十万个为什么》也创造了中国出版史上的奇迹，它以生活中出现的自然现象为主题，以故事体和问答题的形式，介绍科学知识，讲述科学道理，成功影响了一代代青少年，激发了他们对科学的热情。

在这一阶段，我国应急科普传播的特点从三个方面总结。从科普传播对象上来看，以广大工农群众为主体，后来扩展到士兵、干部以及青少年群体。从科普传播内容上看，以自然科学知识为主，且与日常生产、生活息息相关，如工业、农业、医学卫生、传染病、生物进化等知识。从科普传播方式上看，科普图书成为当时科普传播的最主要媒介，代表了我国当时的出版发展水平。演讲和展览也成为次传播媒介，对于提高广大群众的科学文化素质具有重要作用。从这个阶段可以看出，我国科普传播与当时的国家政策紧密相联。

（二）1977—2001年：现代科普产业走向辉煌

1977至2001年，这一阶段我国科普事业迎来了新中国成立之后的又一次辉煌时期。同时，这一时期也是我国传统科普向现代科普的过渡时期。在科普内容方面，在重点推广实用生产技术的同时，也开始关注现代科技以及科学思想的传播。对于科普的主体，依然以政府、科普协会以及科普工作者为主。科普对象不再局限于工人、农民和干部，受众范围不断扩大。

党的十一届三中全会之后，党和政府高度重视科普事业的发展，我国的科普出版事业空前繁荣。20世纪80年代之后，我国科普事业出现了第二次高潮。1978年3月18日，全国科学大会在北京召开。这是我国科技发展史上一次历史性的盛会，为我国科普事业的发展打下了坚实的基础。1988年，邓小平提出“科学技术是第一生产力”。由此，科学的地位迅速提升，在全社会形成了爱科学、学科学的良好氛围。这一时期的科普主体、科普方式和科普对象都发生了改变，科普传播的方式更加多元化，不再是单一的科普图书，科普出版和科普电影、科技馆、博物馆、展览馆和报刊都成为这一阶段的科普方式。1992年党的第十四次代表大会后，科普工作开始关注最新现代科技、新知识和科学思想的普及，通过各种传播形式，如科普展览、科普画廊、科普周、科普报刊、科普图书等，普及科学思想。这一时期，报刊的蓬勃发展也为我国科普传播起到了重要作用，如《浙江科技报》等。这一时期科普读物依然是科普传播的主要媒介。进入20世纪90年代之后，科普读物出现了新的特点，虽然出版量相对减少，但是整体水平大幅度提高，出现了一些非常优秀的科普读物，如引进出版的《时间简史》，大量国外科普图书的引进，给我国科普图书出版带来了很大的影响，引进版科普图书的内容更加突出科学与人文的关系。1995年后，随着国家“科教兴国战略”的提出，科协在组织与财政上都得到了加强与支持。另外随着电视的普及以及信息技术的发展，大众传媒在科普宣传中起到的作用越来越显著，电视、互联网在科普宣传方面的作用越发凸显。电子出版物和科普网站在20世纪90年代中期也进入了中国市场，凭借自身的传播优势，迅速成为科普传播的重要手段。进入21世纪之后，互联网络已经成为科普传播的重要方式，很多网站都设有科普内容，出现了“中国公众科技网”“中国科普”“中国科普博览”等综合性科普网站。

这一时期的科普工作以提高全民族科学文化素质为宗旨，无论是科普主体、科普传播形式、科普对象以及科普内容与以往相比都发生了较大的变化，科普实现了由传统科普向现代科普的过渡。

（三）2002年以来：科普事业繁荣发展

2002年6月，《中华人民共和国科学技术普及法》的颁布实施，标志着我国科普工作进入了法制化、规范化和社会化的发展阶段。之后，我国不断完善科普法的体系建设与管理。2007年12月新修订《中华人民共和国科学技术进步法》，再次从法律的角度明确了科普事业的定位，科普事业被纳入国家经济与社会发展的总体规划中。这一时期“人才强国战略”“科教兴国战略”对科普事业的发展也产生了重要影响。2003年10月，中国共产党第十六届中央委员会第三次全体会议明确提出“坚持以人为本，树立全面、协调、可持续”的发展观，并在全社会大力宣传科学发展观，使得科学发展观成为全民族的共识和自觉行动，成为科普宣传工作的重要内容。这一时期，我国的科普宣传主要通过举办科普展览的形式。影响较大的是2004年由中国科学技术馆、《图书科普》杂志承办的大型科普展览——科学发展观、人与自然和谐发展篇——大自然的警示与启示。这是国内第一个关于科学发展观的展览。除此之外，我国还开展主题宣传活动，取得了良好的宣传效果。2006年，全国科普日围绕“节约能源，你我共参与”的主题，开展了多种多样的活动。

这一时期科普刊物依旧是科普宣传的主力军，但是也遭遇了困境。截至2008年，全国科技期刊共有5100种，其中科普期刊561种。总体上看，原创科普期刊艰难度日，引进科普期刊“水土不服”与日新月异的科技发展形势形成了强烈反差。进入21世纪，由于大众传媒与互联网的发展，纸质书刊也遭遇了前所未有的冲击，原创科普期刊也艰难度日。但也有较为成功的科普期刊，如《中国国家地理》。《中国国家地理》是一本以地理学为基础，融科学、人文、自然、探险、旅游、时尚于一体的大众刊物。刊物的前身为《地理知识》，由中国科学院主管，中国科学院地理研究所和中国地理学会主办。创刊于1950年1月，1961年1月改名为《地理》，1966年停刊，1972年10月复刊并恢复刊名。《地理知识》作为一本专业科普杂志，以传播地理基础知识为主，具有很强的知识性和科学性，从当时创刊时的受众情况来看，以地理专业人士，尤其是中学教师为主，发行量曾经高达40万册。进入20世纪80年代，由于目标群体的过于狭窄而导致发行量逐步下滑，1982年下降到20万份，到1988年仅剩下十几万份了。1998年发行量仅有2万份。为了适应市场需求，1998年，《地理知识》开始进行改版，增加了趣味性和时效性，将读者定位为25—45岁受过高等教育的人群，引进外国先进的媒体运营经验，增加页码，采用进口铜版纸彩色印刷。2000年10月正式改名为《中国国家地理》，从此，杂志进入新的发展时期。《中国国家地理》杂志大获成功，很大程度上归功于其内容具有鲜明的色彩：首先，地理科学与人文科学相结合；其次，时效性与典型性相结合。除了国内原创的科普杂志之外，也引进了一些外国科普图书，如《昆虫记》《瓦尔登湖》《寂静的春天》等。从市场销售情况来看，引进科普图书比较畅销，这一时期引进的科普图书具有鲜明的特色，一些经典名著往往以多种版本出版。如法布尔的《昆虫记》，20世纪末被评为“百年来科普好书”，许多出版社以不同的形式进行出版。

进入21世纪，大众传媒在科普传播上的作用越发凸显。随着信息技术的发展和电视的普及，电视、广播成为科普宣传中不可缺少的媒介，尤其是电视，在科普宣传中发挥了独特的优势，2001年7月，中央电视台科学教育频道，开启了科教频道专业化的时代。2002年，《中华人民共和国科学技术普及法》公布并实施，其中规定：“新闻出版、广播影视、文化等机构和团体应当发挥各自优势做好科普宣传工作。”广播电台、电视台应当开设科普栏目或者转播科普节目；影视生产、发行和放映机构应当加强科普影视作品的制作、发行和放映。”从此电视科普节目更进一步得到了电视台的重视。央视科学教育频道是我国最早的科普电视频道，先后制作了众多受观众喜爱的电视节目，如《走进科学》《科学探索》《自然传奇》《百科探秘》等。在央视的带动下，其他各省级卫视也不断开办自己的科普节目，创办自己的科普频道。根据2008年《中国电视收视年鉴》及搜视网搜索统计，截至2007年底，我国内地共有科技频道34个。尽管2009年我国科普频道的数量在逐渐下降，但是我们不能否认电视科普节目的影响力。与20世纪形式单一、内容呆板的电视科普节目相比，这一时期的节目开始从受众的角度来考虑观众的需求，不断探索新的传播形式和内容来满足观众的欣赏需求，科普节目不断往娱乐化的方向探索，无论是在节目的数量上还是节目的制作质量上都有了显著的提升。以电视科普节目的呈现模式为例，早期的电视节目科普模式大多是纪录片性质的，而专业的电视科教频道出现后，为了避免同质化，探索出了新的模式，如实验探索、脱口秀、益智竞赛等模式，这些新的呈现模式吸引了大批的观众。但是由于这种娱乐化的科普形式能够吸引大批的观众，导致有些科普节目过度强调趣味性、娱乐性，陷入庸俗化，有的节目甚至跌进了伪科学的泥淖。电视科普节目虽然遭遇了发展的尴尬期，但是不能否认其对中国的科普事业发挥了较大的作用。

由于互联网在中国的发展突飞猛进，传统媒体遭到了前所未有的打击，根据调查显示，网络已经成为受众接受科普内容的主要渠道。互联网成为受众接受科普信息的最主要渠道，这也就意味着我们进入了网络科普时代。在互联网发展的第一个阶段，门户网站成为受众最喜爱的接收科普信息的渠道，但依然没有撼动传统媒体在科普传播方面的权威性。因此，互联网1.0阶段对于科普传播而言是过渡期。从2005年开始，互联网2.0的概念开始在国内兴起，并被大量应用于网站设计中。在随后的几年内，我国出现了相当一部分这类网站，这类网站赋予了科普事业勃勃生机。2010年，互联网2.0进入迅速发展和创新时期，互动式回答、科普论坛、科普博客等成为网络科普重要的表现形式。在互联网1.0时代，科普论坛和社区就已经存在，但当时的论坛与社区仅仅是以用户互动和信息共享为主线，依旧是以资源为中心，而不是以用户为中心，所以该阶段网络科普模式并没有创新突破。从2008年科学松鼠会中文群体博客的创立，到2010年果壳网上线，基于互联网2.0的科普博客及SNS科普社区成为网络科普的创新力量。同时，还有一种集博客、交友、小组、收藏于一体的新型社区网络成为科普传播的一股力量。这一时期我国各大科普组织、科普机构、企业报刊也搭建起了自己的科普网站。截至2012年底，我国科普网站共有648

个，覆盖全国30个省（区、市）。“十一五”期间，我国科普网站的质量也大幅度提升，中国数字科技馆、中国科普博览、科学网、果壳网等一批学科覆盖面广，趣味性、互动性强，互联网技术应用水平高，深受公众欢迎的科普网站建成并迅速发展。我国传播科普知识的网站类型较多，既有政府及其下属单位主办的公益性科普网站，又有门户网站、大众媒体等商业性网站；既有由科研、科普机构等组织主办的科技网站和论坛，又有个人或者兴趣小组开设的传播科普知识的网站或博客。

2013年以来，移动互联网技术的发展为移动网络科普提供了技术支撑。网络科普与移动互联网技术的融合促进了传统科普网站的升级，出现了基于手机终端的“科普网站、科普知识问答、科普短信报”等虚拟产品。不断整合发展后的产品满足了受众的科普需求，适应了互联网的发展节奏，也为科普传播的发展提供了新的机遇。2013年以来，以微博、微信及各种移动客户端为代表的自媒体科普终端，发展速度惊人，传播效果显著。微信具有高到达率、高交互性、低流量产生等显著优势。微信大大提升了信息传播速率，有利于科普信息高效、可持续传播。根据CNNIC发布的数据，截至2022年12月即时通信应用（微信、QQ等）共有17.5亿用户，微信活跃渗透率达到87.3%，远远大于其他社交移动应用的渗透率。微信公众号也成为科普传播的主要形式，公众平台汇聚超1000万个公众账号，涵盖了各行各业的媒体、企业、政府机构、个人等最具有代表性的自媒体微信公众号如丁香医生，专注于健康传播科普，非常符合当下互联网用户的需求。丁香医生十分注重打造属于自己的融媒体矩阵，还推出了丁香园、丁香妈妈、丁香食堂、健康头条、糖尿病医生、高血压医生等。随着短视频时代的到来，我国的科普传播又出现了新的传播形式。近年来，短视频在科普传播中承担了重要责任，尤其是抖音平台，发挥了积极作用。2019年，抖音推出了面向全民的短视频科学普及行动“DOU知计划”，率先允许一批知识传播类账号发布5分钟的长视频，与之前时长限制在15—

60秒的短视频相比，长视频能够使科普内容更加丰富，解决了碎片化与科普深度之间的矛盾。目前，抖音平台已有上万个知识创作者，共发布了上千万条知识类视频，获得10亿以上的播放量。同时，短视频平台的算法推荐技术也在一定程度上助推了科普短视频的传播。如果你搜索过或浏览过科普类内容，平台就会将相应的标签内容进行个性化推荐。在短视频平台上，传播的主体更加多元化，科普内容也更加多元化，这也意味着我们进入了科普的全民化时代。例如，抖音按照科普主题划分，可分为生活百科类、科学原理类、技术与发明类、医疗与健康类、自然动植物类、宇宙星系类、冷知识类以及其他类别。

随着信息技术的发展，我国科普传播出现了不同的发展阶段特征。21世纪之前，我国科普传播主要以科普图书、期刊、展览为主。随着信息技术的发展，电视、广播等大众媒体逐渐成为科普传播的主力军。自20世纪90年代末，互联网为科学信息传播提供了新型媒介，科普网站成为网络科普最早最普遍的形式。随着互联网的深入发展，社交媒体的出现，移动互联网时代的到来，我国的科普传播迎来了短视频科普传播的高光时刻。从科普形式上看，其趣味性和互动性更强；从科普内容上看，科普的主题类型更加丰富。

五、应急科普传播的现状

目前，我国的应急科普传播与之前相比有了很大进步，已经形成了多方位的传播体系，包括图书期刊、大众传播、网络传播等。

（一）图书出版应急科普现状

党的十九大以来，在国家安全观框架下，我国加强了国家应急管理体系和管理能力建设，成立了应急管理部，提高了国家应急管理工作的整体性和协同性。2019年底，新冠疫情的暴发显示，面对重大公共卫生安全事件，国家应急管理体系和管理能力仍存在短板和不足。任何制度的变迁和完善首先都需要在知识上做好储备。图书出版是知识生产和传播的重要载体，在国家应急管理体系建设中，应急科普图书的出版需要为应急管理提供厚重的应急科普知识储备。在社会发展史上，有效应对各种突发安全事件，一直是事关人类生存的重大问题。2003年以来，我国总结抗击“非典”的经验与教训，推动并建立了以“一案三制”为基本框架的应急管理体系。但这一应急管理体系存在“重事后处置轻事前预防”“重政府主导轻社会参与”“重紧急动员轻专业标准”等不足，这些问题在2020年新冠疫情防治中集中显现。习近平总书记强调，要针对疫情暴露出来的短板和不足，“完善重大疫情防控体制机制，健全国家公共卫生应急管理体系”。在国家应急管理体系建设中，应急管理图书的出版承担着为体系建设和完善提供理论与知识支撑的重要使命。从我国应急科普出版整体态势来看，应急管理图书的出版历程与国家应急管理体制演进的历程基本同步。虽然在2000年前，国内也出版过应急管理主题图书，如1988年中国展望出版社出版的《危机管理：企业如何对付意外灾难》、1994年中国法制出版社出版的《核电厂核事故应急管理条例》，但规模与品种均很有限。据统计，在2000年之前，国家图书馆书目标题中含有“应急管理”或“危机管理”的中文图书一共只有4册。2000年之后，特别是2003年之后，随着国家救灾应急管理体制逐步实现从抗险救灾到应急管理的转变，应急管理图书出版逐渐形成热潮。

从2003年到2010年，应急管理图书年度出版保持了旺盛的增长势头。2003年“非典”之后，党和政府关于建立健全各种应急预警机制的决定，是应急管理图书出版起步的直接原因。2003年至2005年，国内出版了一批介绍危机管理的概论式图书，如《国家与政府的危机管理》《危机管理》等，为中国社会积累危机管理的基础理论和实践案例，提供了参考和支撑。2008年的汶川地震、2008年的北京奥运会和2010年的上海世博会等一系列重大事件，均对我国的综合治理，特别是应急管理能力提出了严峻挑战。在此背景下，出版界一方面加强一般性的应急管理图书出版工作，另一方面也出版了不少有针对性的应急管理图书，如《安全奥运论：关于城市灾害防御与综合危机管理的战略研究》《自然灾害类突发事件恢复重建政策体系研究》。2010年之后，虽然应急管理图书年度出版数量有所回落，但总体仍保持在高位。全国共有236家出版机构参与了应急管理图书出版，出版过5册以上应急管理图书的出版机构共50家，约占全部出版机构的21.2%。出版应急管理图书最多的3家出版机构分别是科学出版社、社会科学文献出版社和中国人民大学出版社，出版数量分别为54册、50册和36册。

从出版机构所在地域情况看，出版过应急管理图书的236家出版机构，分布在全国38个城市，其中北京、上海和广州的出版机构出版的应急管理图书数量位居全国前列。北京具有全国最丰富的出版资源，其出版的应急管理图书占全国出版总量的近70%。从全国出版机构综合情况看，广州的图书出版能力并不算强。不过，由于“非典”首先由广州发生，广州研究界和出版界对危机管理问题较为重视。暨南大学也是全国应急管理教学和研究的重镇，曾于2009年成立了全国高校首个应急管理学院。在这些因素共同作用下，广州的出版机构，特别是暨南大学出版社在应急管理图书出版上投入了较多的精力，相关图书既涵盖不同学科、不同领域应急问题的分析与研究，如《食品安全应急管理》《政治学视角下的应急管理》等，还有不少聚焦于普泛性的应急管理监测与预警的技术与方法问题，如《应急管理定量分析方法》等。

2000年之后，我国应急科普出版事业总体态势发展较好，应急科普图书覆盖面广，图书出版细分领域强，但也存在不少问题，如我们应该提高应急科普图书的学术含量，以及加强应急科普国际图书引进等工作。

（二）大众传媒应急科普现状

在互联网未普及之前，电视是普及率最高的媒介，这也为应急科普传播提供了传播渠道。但是电视、广播等大众媒介科普传播的内容较多，而针对应急科普进行传播的电视节目少之又少。这里以新冠疫情期间，上海人民广播电台《FM十万个为什么》新冠防疫节目为例，从个案出发对当前大众传媒应急科普现状进行分析。这是上海主流媒体中唯一一档日播类科普专题节目，疫情发生后，《FM十万个为什么》作为主流媒体科普专题节目立即响应，积极围绕抗击疫情主题，加大相关科普知识的宣传力度。邀请来自中科院、高校、医院、科研机构的专家，以专业的知识、通俗易懂的讲述方式，引导受众从科学角度认识疫情、抵御病毒。节目从公众最关心的“口罩”“消毒用品”等生活类的话题说起，从“最详尽的口罩和防护服知识”“医用酒精、84消毒液等这些消毒用品你用对了吗”到认识新冠“病毒”的相关科学知识：“野生动物存在哪些危险，如何把病毒传染给人类”“人类与疫情搏斗史”“什么是病毒”“疫苗是如何研制的”，等等，从知识性、服务性、科学性等多角度分享防控知识，避免恐慌。主流媒体在进行应急科普传播方面具有较强的权威性。但是，目前我国针对突发性事件的专门科普类节目少之又少，整体传播态势呈现断续化状态，只有突发性灾害发生时，主流媒体才加强对应急科普知识的传播，而非常态化应急科普宣传，这也是目前大众传媒应急科普的主要现状。

（三）网络传播应急科普现状

网络新媒体时代开展应急科普工作，提高公民的基本科学素质，必须牢牢把握网络发展的重大机遇。我们应该针对网络时代的新特点和新环境，顺应网络发展的新趋势，运用互联网理念，大力发展网络应急科普。目前我国的网络科普设施呈现快速增长的趋势，一批深受公众喜爱的科普网站、数字科技馆陆续建成并发挥越来越重要的作用。根据科学出版社出版的《中国科学传播报告》，2020年底，我国科普网站有2732个，覆盖了全国30个省、自治区、直辖市，主办单位包括各级科协、学会、政府和事业单位、企业报刊、科研机构、科普场馆、新闻和门户网站及个人等八类。其中，由全国学会、科协系统、科技馆系统建设的科普网站（含栏目）占总数的60%，依靠政府投入的占86%。然而，我国的科普网站仍存在一些较为明显的不足，致使开展网络科普的效果不佳，服务能力有限，缺少适应未来网络社会和可持续发展的能力。

一是分布不均衡，缺乏有效管理和市场机制。我国科普网站近一半集中在北京，30%集中在东南沿海地区，中西部总量不到20%。各网站采用的技术和标准不一致，难以实现标准化建设和运营，底层技术不能分享；网站之间独立运作，无法联通，缺乏协作和内容资源共享。同一水平的互联网科普平台重复建设，同质化和信息“孤岛”现象严重。在体制机制上不能适应新时期的特点，政府前期引导不足，投入资金分散，缺乏政策支持和顶层规划设计，没有考核评价激励机制，管理无序，人才短缺，没有形成良性循环发展的市场机制。

二是整体上竞争力较弱。科普网站发展具有自身的特点，绝大多数是以公益性服务为主，缺乏市场机制的有力支撑。网站的内容开发和反应速度缓慢，缺乏用户反馈机制和考评激励机制，与其他网络企业相比缺乏竞争力。

三是影响力较小。缺乏对优质且具有权威性的应急科普资源网站的建设，各类应急科普资源分布在各大网站，这对于普通受众的媒介素养提出了很高的要求。对于检索能力不高的普通受众来说，难以检索到真正有效的应急科普信息。

此外，公众在面临这些突发事件时，应如何获取正确的信息，如何决定做出响应，如何使用避难场所，如何使用应急产品、防灾产品，如何向相关的机构求助，采取什么样的心理预防措施，疏散中离开时间路线的选择，急救知识包括医疗运输知识等都存在空白，缺乏相应的资源支撑。

（四）其他形式应急科普现状

除了图书、电视、电影以及互联网等应急科普形式，还有其他应急科普传播形式，以中国数字科技馆的应用科普挂图为例，目前突发事件的四大类中自然灾害类的有22套，事故灾难类的有13套，公共卫生事件类的有11套，社会安全事件的尚无相关资源。常规的安全教育与防灾教育以及火灾的相关科普挂图有18套，涉及的挂图共64套，占目前所有可下载挂图总量的36%。这些挂图的内容相对比较陈旧，能体现最新的安全理念的内容不多，其中自然灾害类中的海洋灾害、森林草原火灾，事故灾难类中的环境污染与生态破坏事件，公共卫生事件类中的群体性不明原因疾病与动物疫情，这五小类没有相关的资源。事故灾难类中的交通运输事故、公共设施设备事故、公共卫生事件类中的传染病疫情、食物与职业中毒，这四小类也各自只有一套挂图，资源比较缺乏。除了挂图，应急场馆也承担起了宣传的重任，但我国应急场馆存在运营模式、建设标准不成熟等诸多问题。

第二章

应急科普传播主体与客体

应急科普是专业传播内容与传播逻辑的综合体，其传播目的较为直接，但由于其传播内容的学习性强、内容枯燥、使用频率低等，应急科普的传播效果仍有提升的空间。提升传播效果，需要先明确应急科普的主体与客体现状。为此，我们将对正式学习环境与非正式学习环境中的主体进行分析。前者主要是学校，后者主要为政府、社会组织、媒体三个主要主体。客体则主要包括公众和专业人士。

第一节　应急科普传播主体

从学习环境来看，应急科普的学习环境分为正式学习环境与非正式学习环境，或称结构化学习环境与非结构化学习环境。结构化学习环境的应急科普主体为学校，非结构化学习环境主体为政府、社会组织以及媒体。

一、正式学习环境的应急科普传播主体

正式学习环境的应急科普传播主体是学校，主要工作包括培训教职工应急处理能力、提升与培养学生应急能力、传授应急知识。主要涉及的群

体为教职工、学生、学生家长。

应急科普应分对象分别展开。对于教职工的应急科普内容主要包括火灾、地震、洪涝、溺水、食物中毒、学生意外伤害等。对于学生的应急科普内容则主要包括自然灾害、公共卫生、安全领域的自救知识，尤其是学校多发的常见灾害，如踩踏、食物中毒、意外伤害等。对于学生家长主要内容为提醒家长预防学生发生意外，尤其是溺水、触电等问题。

学校应急科普的主要开展形式包括主题班会、主题活动日、培训会、家长会、教职工家访点对点传播。结构化学习环境开展应急科普工作应秉持以下四点主要原则：

1. 系统化、结构化学习

学校应急知识传播是应急科普的基础性工程。基础性工程应该采用系统化、结构化的传播方式。一是内容的系统化，应急科普内容应当包括应急意识、应急技能、应急知识。例如美国奥巴马政府的教育改革蓝图中提出要培养学生的预测、判断危险能力及求生能力等。美国联邦应急管理署（FEMA）组织编写了《如何做好公众灾害预防活动和宣传活动》《应急教育指导资料》等教材供中小学生使用。日本文部科学省自然灾害科学综合研究部要求学生不仅要了解自然灾害的相关知识，也要了解其原理及具体应对措施。二是教学的结构化，应当根据不同年龄段的生理发展程度、学习的接受度安排适配的学习内容。三是知识范围的系统化，既要包括常见的突发应急情况，还要包括社会与家庭中常见的突发情况应急应对办法。

2. 学、演、练结合

除了应急知识进课堂以外，学校还要开展应急演练，帮助学生学以致用，掌握实际技能，做到应知、应会、应用。定期演习和突击演习是常见的两种方式，其效果也得到了验证。如在“5·12”汶川地震中四川安县桑枣中学全体2290名师生全部顺利逃生，这得益于其校长叶志平日常组织进行的防震演练。

3. 科学组织，防止演练事故

在组织演练过程中要科学制定演练预案。学校在组织演练时要做好应急预案，避免因演练带来的意外事故，如踩踏。还要注重反馈，根据演练效果适时调整演练方案。演练内容要切实符合真实情景。2014年2月22日，教育部办公厅印发《中小学幼儿园应急疏散演练指南》要求学校要确保参演师生的生命安全，严防拥挤踩踏事故发生；要提前谋划，提出预案及早做好相关准备工作。应急疏散演练应明确时间目标，原则上中学生2分钟以内，小学生3分钟以内完成。

4. 加强合作性普及

学校除了独立开展应急科普，还应积极与社会组织、专业机构联动，加强合作性普及，尤其是涉及医疗急救、火灾处置等需要专业知识支撑的应急场景。合作性普及除了专业机构普及知识，还要针对学校与机构联合处理突发情况进行演练。尤其是在新冠疫情防控期间，学校作为人员密集地，如何做好防控，出现感染、密接、次密接、疑似感染人员如何处理都应进行联合演练。

二、非正式学习环境的应急科普传播主体

非正式学习环境通常是指与工作、家庭或娱乐相关的日常生活引起的学习，通常意指经验学习，在一定程度上可以理解为偶发性学习。非正式学习是一种学习过程，通过这种学习过程，学习者可以在日常生活中获得态度、价值观、技能和知识。在已有的非正式环境学习理论框架中，总体的趋向是强调“人、场所、文化”的结合。非正式学习是由日常活动或需求激发的，可能发生在交谈和社会交往中，因此，非正式环境学习使得学习者具有极强的目的性、积极性、参与性、启发性。在应急科普中，进行科

普的主体主要包括政府、社会组织、媒体。

（一）政府

政府作为应急科普传播主体的主要功能是提供应急教育资源、组织应急科普活动、出台政策与法规、推动应急科普产业发展。

1. 提供应急科普资源

2022年1月22日，应急管理部召开新闻发布会通报，2021年全国各种自然灾害共造成1.07亿人次受灾，因灾死亡失踪867人，倒塌房屋16.2万间，直接经济损失3340.2亿元。伴随着灾害多发以及信息传输速度的加快，越来越多的人意识到自身处在灾害的威胁下，对于预防灾害知识的需求也持续增多。社会对应急科普教育资源的需求增加，政府应该合理调整资源分配，提供必要的应急教育资源。

政府要衡量好、处理好应急教育资源和应急教育收益之间的矛盾。这就要求政府应急科普教育资源要围绕地区、民众的关注点进行调配。同时还要根据突发事件灵活调度资源，明确哪些突发事件相关的科学知识是亟须传播的，可以通过传播应急科普知识，在心理上和科学上降低公众对风险的恐惧。

政府机构还应善于组织和整合社会应急科普资源。在协同治理理论视角下，借助系统中诸要素或子系统间非线性的相互协调，实现子系统力量的增值，共同治理社会公共事务，最终达到最大限度地维护和增进公共利益的目的。这就转变了以往的政府主导分配应急科普资源的局面，向着主体多元的方向发展。

政府提供应急科普资源，主要包括以下三个方面：一是人力资源，这包括政府本身提供的组织协调与服务人员，如在新冠疫情期间，钟南山、张文宏等专业人员针对疫情发展、防护知识等直接与公众对话，起到了良好的引导作用；二是财力支持，这主要包括政府普及应急知识实践活动经费、购买社会组织应急科普服务费、常规性应急科普基础设施建设经费、应急科普研究成果转化资金等；三是应急科普信息资源支持，主要是公开政府以及职能部门对风险的检测数据，积极引导应急相关的期刊、图书、文献、专利等的普及以及落地转化。

2. 组织应急科普活动

政府除了在宏观上组织协调应急科普资源，还要切实组织开展应急科普活动。政府部门在开展应急科普实践活动时应本着以下基本原则：一是满足时代、社会、公众需求；二是发挥政府组织、信息、资源调配优势；三是明确应急科普实践活动的具体应急场景、针对人群，以目标群体与场景的复杂度、学习力等条件为基础设计实践活动。我们可以借鉴“5W1H”分析方法，即明确为什么要普及此应急知识、这个应急知识是什么、谁来完成此次活动以及目标群体是谁、此次应急活动的覆盖范围是什么，具体应该如何实施。尤其是当这些活动以一种有组织的方式发展时。

政府常见的开展应急科普活动的形式主要包括应急科普报告会、应急知识竞赛、全民应急演练、应急知识进社区、应急知识下乡、应急知识进校园、专业人员技能培训会等。从活动形式来看，其目标在于分层差异化传播，实现人群全覆盖与区域全覆盖。例如，菏泽市单县开展科普进校园——防疫防火应急科普活动；瑞昌市针对政府人员应急知识薄弱问题，开展“走近灾害、远离灾难”科普报告下基层活动；湖南绥宁根据汛期开展应急科普进校园活动，联合应急管理局、电力部门、交警部门进行系统化应急知识宣传，并在农村地区充分利用“村村响”广播系统进行应急科普。

除了上述基本组织原则，政府在组织科普活动时应掌握以下组织技巧：一是注重情景体验交互教育。情景体验交互教育使学习者从个体自发体验转向了群体性体验教育。通过设定与体验者生存环境息息相关的应急场景来提高体验者的紧张感、沉浸感，同时，交互教育将体验者拉进情景中，使其感官记忆增强。此外，情景体验交互教育有助于学习者掌握相关技能。情景体验交互教育不仅可以在特定的场馆与场景中展开，在基层科普活动中也可以进行，并且通常与其他教育形式相融合。二是适当的物质奖励。应急科普教育通常为硬信息直接宣传，缺少趣味性与吸引力。因此，需要给参与者一些适当的物质性奖励，如伴手礼、活动奖章、生活用品、应急用品等。

3. 出台政策与法规

应急科普政策与法规主要由三部分组成：一是指导、规划应急科普活动，如2007年8月30日第十届全国人民代表大会常务委员会第二十九次会议通过《中华人民共和国突发事件应对法》；二是承担法律主体责任，对应急科普传播主体进行管制；三是应急科普资源协调与激励政策，如从职称晋升、绩效评测、人才表彰、成果奖励等方面，完善应急科普科研工作者考核奖励制度。

政府主导与指导的应急科普文件有众多的形式，主要包括法律、法规、方针、计划、纲要、计划、报告、决定、指示、通知和国家领导人的讲话。如2021年6月25日国务院发布《全民科学素养行动规划纲要（2021—2035年）》，2022年6月30日应急管理部印发《“十四五”应急救援力量建设规划》。众多的指导文件都强调以下三点：一是以服务国家发展为目标；二是强调应急科普业务的管理和治理；三是鼓励矩阵式开展应急科普工作，如与媒体、专家、组织合作，建设应急科普资源共享平台。如北京市科协与18家科研院所、学会、企业等单位共同发起成立了“北京科普资源联盟”，主办“科普超市”网站，通过现代化信息手段广泛汇聚科普资源。

从目前来看，还存在以下不足：一是落实与执行不到位，这主要是各地实际执行环境与条件不充分、政策可操作性差、配套制度与保障不足等造成的；二是体系不完善，以上级指导文件为主，专项应急科普与地方性文件不足，这表明应急科普事业的细化程度不足。针对上述问题，下一步我们要明确责任主体、细化制度安排、制度化与体系化地培养公民应急素养，不断完善国家、部门、地方三个层次的应急科普合作机制。

4. 推动应急科普产业发展

目前，我国的应急科普事业主要靠政府推动，行政化与公益化色彩严重。囿于政府资源的有限性与应急科普需求的日益增加，应急科普事业需要向社会开放，充分利用市场机制引导社会资源流向应急科普事业，建立公益性应急科普与经营性应急科普并行的应急科普发展体制。

在国家层面，应急科普产业化关系到人民的生命财产安全；在社会层面，应急科普产业具有成为新经济增长点的潜力，尤其是对于知识型、内容生产型企业来说；在公民层面，公民需要不断提升应对各种风险的能力，主要包括社会风险以及自然风险。

在推动应急科普产业化发展的过程中，政府可以提供以下动能：一是出台支持性政策，如税收优惠、产业补贴等。2021年，广东省政府印发了《关于培育发展战略性支柱产业集群和战略性新兴产业集群的意见》，将安全应急与环保产业列入十大战略性新兴产业集群进行重点培育。二是建设重大应急科普项目，吸引投资带动就业。如江门市以建设安全应急产业园为契机，进一步链接国内外优质资源，加快形成应急产业园区、应急管理学院、应急科普体验中心、大湾区应急物资储备中心、国家级重点实验室“五位一体”应急产业发展布局，打造国家级安全应急产业综合示范基地，为粤港澳大湾区提供坚实的安全支撑和应急保障。三是购买社会性应急科普服务。2016年国务院办公厅印发的《全民科学素质行动计划纲要实施方案（2016—2020年）》，对“十三五”期间我国公民科学素质实现跨越提升作出总体部署，提出要加大政府购买科普产品和服务的力度。地方政府的购买服务目前以单品制作为主，如昆明市呈贡区应急管理局2022年6月28日公布的《关于应急科普宣传视频制作项目政府购买服务计划》，主要购买内容为制作宣传海报、短视频等安全生产、防灾减灾救灾等领域新媒体科普作品。目前，整体性的项目外包仍在探索阶段。

对于政府参与应急科普的效果评估通常用于政府工作考核、应急科普工作调整、应急科普能力提升等指标。

1. 测量对象

政府应急科普建设能力的测量包括政府整体应急科普能力评估、具体项目或活动评估、受众接收度评估、信息化程度评估等。

2. 评估指标

不同的评估对象设定的评估指标不一致，但总体应遵循以下原则：一是评估对象达成其预期目标，二是评估对象行为与以往行为的系统性与勾连性，三是评估指标设定的可量化性，四是资源调配与使用的性价比度。下面介绍几个常见指标体系。

第一，政府应急科普整体能力建设评估体系。主要以应急科普资源储备与更新、应急科普响应与服务机制、应急科普宣传与培训为分析框架。其中，应急科普的服务保障体系包括应急科普组织保障体系、应急科普的日常管理和服务、应急科普基础设施保障。该指标旨在为应急科普工作奠定基础，提升公众安全意识与责任意识，提高公众应急素质和技能，保障公众生命财产安全和合法权益。

同时还可以从应急科普要素出发，借助传播学5W模型建立政府应急科普评估指标。为此我们可以借鉴科普能力评估指标体系，如崔林蔚、杨志萍构建的科普人员、科普作品、科普机构、科普受众、科普效果科普五要素评估指标；王康友针对国家科普能力发展构建的科普人员、科普经费、科普基础设施、科学教育环境、科普作品传播、科普活动效果评估体系；李健民等针对区域科普能力建立的科普场馆、科普活动、科普示范社区、科普网站评估体系。

第二，应急科普项目评估体系。对于应急科普项目的评估主要从教育意义以及社会公共项目的公益性开展，未来对于产业性属性也会纳入评估体系。对于应急科普项目的评估可以借鉴黄小勇构建的大型科普活动评估方法研究，从项目内容、项目管理与社会效果三个层次展开。项目内容可以从内容与主题和应急需求相关性、知识性、通俗易懂性、技能性、吸引力、创新性、互动性七个指标开展评估；项目管理可以从宣传度、环境、协调性、服务四个指标开展；社会效果可以从受众数量、对受众影响、受众应急技能与知识掌握情况、媒体报道和满意度四个维度开展。此外，还可以从策划与设计、宣传与知晓、组织与实施、影响与效果四个维度建立评估指标体系。

第三，信息化应急科普指标测试体系。随着互联网和移动终端的普及，应急科普信息化传播成为重要渠道。其框架主要分为以下三个部分：第一，应急科普资源数字化程度，其主要反映应急科普信息化资源丰富程度，与技术融合程度以及信息化资源共享程度；第二，应急科普内容传播网络化程度，其主要反映信息化应急科普资源公众接触程度、媒介流通程度以及公共传播渠道传播情况；第三，应急科普应用服务智能化程度，其主要反映公众对信息化应急科普资源利用程度、应急素养提升情况。

（二）社会组织

社会组织泛指由各国公民自愿组成、关注公益性事务，从事着非营利性事业的民间（非政府性）组织或它们的集合体，如科普场馆、应急组织、志愿组织。在我国，大体包括官办或民办的事业单位、社会团体、群众组织、社会中介组织以及民办非企业组织，另外还包括带有一定政治色彩的群团组织、具有一定管理职能的准行政组织。具体到应急科普领域，参与应急科普事业的社会组织主要包括企事业单位、应急组织、志愿组织、科普场馆。

1. 社会组织参与应急科普建设的定位

社会组织是应急科普中的支撑性社会力量，其以时代需求、社会需求、公众需求为依据开展社会性、群众性的应急科普活动，协助政府提高公民应急素养与技能，为政府应急科普工作决策提供支持。社会组织参与应急科普建设的角色定位如下：

社会组织在应急科普中是政府和企业的沟通中介。目前应急科普工作以政府为主导，应急科普事业产业化发展要不断通过构建新的运行机制进入社会主义市场经济范畴。理想的应急科普产业化发展应是政府进行宏观调控，如规划科普产业发展路径、完善科普产业创新生态、优化科普产业市场环境；企业进行微观层面操作，如开发科普产业市场需求、倒逼科普产业体制改革、巩固科普产业创新基础。而社会组织应成为中观层面的管理与协调主体，尤其是具有行业属性的协会或学会。社会组织因为和企业的密切关系，以及半政府性质的属性，对于沟通企业和政府关系具有先天优势。

从政府和企业出发，应急科普产业的短板主要集中于应急科普产业体系不完善、产业支撑相对落后、政策针对性不强、创新能力不强、产业发展脱离应急科普基本功能、缺乏地区接近性应急科普产品。社会组织作为政府和企业的桥梁，其沟通方向应朝着平衡政策与市场需求错位、以市场为导向的工作机制、适应社会化与商品化的工作体制、加速政策与产品落地的运行机制方向努力。

2. 承接政府职能转移

党的十八大以后，中国政府开始简政放权，通过放权理顺政府与市场、社会的关系。党的二十大以后，进一步重申深化“简政放权、放管结合、优化服务改革”。在这期间，培育社会组织是一项重要工作。在应急科普领域政府要通过简政放权把应急科普领域的自我管理、自我发展逐渐交给社会。从目前中国应急科普市场化程度不足、公益属性为主导的现状来看，政府放权的目标主要是社会组织。政府放权并不是置之不管，对于应急科普发展规划、资源统筹、监督考核仍旧是以政府为主导。

对于应急科普社会组织来说，其承接的政府职能主要包括以下几方面。

第一，建立应急科普智库。

应急科普社会组织建立智库主要解决以下几个问题。一是填补应急科普理论空白，探索具有普适性的应急科普理论。目前来看应急科普知识库已相对完善，而指导如何进行科普的理论知识较为欠缺。二是完善中国特色社会主义社会治理体系。政府对应急科普组织的职能转移，是对社会风险领域的协同治理的重要手段。党的十九大报告指出："完善党委领导、政府负责、社会协同、公众参与、法治保障的社会治理体制，提高社会治理社会化、法治化、智能化、专业化水平。"党的二十大报告指出："提高公共安全治理水平，坚持安全第一、预防为主，完善公共安全体系，提高防灾减灾救灾和急难险重突发公共事件处置保障能力。"与中国特色社会主义社会治理体系相对应，应急科普组织智库要着力于建设相适应的应急科普社会组织的组织体系、制度体系、运行体系、评价体系和保障体系，同时还要保证组织的非营利性、独立性。三是为政府在开展应急科普工作过程中的决策提供智力支持。确切来说，其发力点主要包括：提升咨询信息的可用性，充分传达社会与公众应急科普的切实需求，增强政府应急科普政策的可操作性与科学性。

第二，盘活民间应急科普活力。

社会组织往往由某一个领域或行业的从业者、学者组成，具有极强的针对性和专业性，能够撬动更多的社会资源和民间力量进入应急科普实践中。

在盘活民间应急科普活力中，一个重要的盘活点是专家系统，以往我国的专业人士参与应急科普活动往往是组织化的、成就宣传式的而不是以知识传播与公众沟通为导向，通过民间组织重新对专家系统资源聚合，打破以往的制度、组织壁垒，能够充分发挥专家系统的作用。例如在新冠疫情防控期间，中国科协两次发出号召，号召全国各机构专家、地方科协组织积极参与应急科普宣传工作，在短时间内原创了大量科普内容、制定了一系列防护指南，科学地助力防控疫情。在没有机构、制度壁垒的情况下，专家系统少了诸多束缚，以事件为导向，充分调动和激发其道义感、责任感。而社会组织在这个过程中也通过资源重组形成了集聚效应。社会组织虽然难以调动大规模的社会资源，但是通过遍地开花式调动也能形成长尾效应，例如江苏省常州市武进区全区有300多家应急性社会组织，公益资金约18亿元，发挥着帮困救急和处理突发事件的积极作用，已救助10万余人次，发放救助金6亿多元。

第三，推动基础设施建设与应用转化。

在应急科普领域，基础性设施建设主要表现为应急场馆建设。目前我国共有22个省（自治区、直辖市）建立了应急科普场馆，全国共有1461所，主要集中于东部以及沿海地区和灾害多发地区，与科技馆相比，应急科普场馆资源较为稀缺。在这些有限的应急科普场馆中，以综合性场馆为主，专门性场馆较少。总体来说，我国应急科普场馆建设呈现数量不足、区域分布不均衡、应急科普场馆建设总体上缺乏科学引导、服务内容建设亟待加强和数字平台未建立等方面的问题。

在应急科普场馆的建设中，我们要以场景化科普为主线。场景化科普是结合场景化思维、情景学习、体验式科普等概念提出的，秉承个性化定制、沉浸式体验、场景化构建的原则，打造技术和体验感并存的科普场馆传播模式。其特征可以概括为交互性、沉浸感、反馈性。在技术上主要包括声光电技术、增强现实技术、3D投影技术、虚拟现实技术以及语音识别技术等，目的是提供生动化展示、讲解和沉浸式体验。根据应急科普场馆的主题与用途，其大概可以分为纪念性场馆、综合性场馆、专业性场馆以及流动性场馆、线上场馆等。

3. 社会组织参与应急科普建设的优劣势

社会组织除了具有灵活的运行机制、专业的人才储备以及政企双向联结等优势外，社会组织参与应急科普的优势还体现在其他方面。约翰霍普金斯大学公民社会研究中心教授指出："私人非营利组织传统上为效率所作的贡献，没有比作为促进其他重要社会价值机制的作用大，这些重要的社会价值包括群体和个人自由、多样性、社区感、公民行动主义和慈善。"

从目前社会组织参与应急科普的现状来看，仍有许多需要改进的地方，具体体现如下：

第一，主体性并不明确，即社会组织在开展应急科普活动时与政府的主体关系、职责不清晰，一般来说，社会组织开展应急科普活动的主要负责人由政府人员兼任；政府作为资金提供方，活动经费使用方式需要政府审批，这在企事业单位以及其下属单位开展应急科普活动时尤为明显。

第二，社会组织的主体性建设不完善，诸多应急科普社会组织往往隶属企事业单位，或是社会组织的一个部门，因此缺乏资金支撑、体制支撑以及机制支撑等。

第三，社会组织承接应急科普职能不清晰，目前社会组织承接政府应急科普的趋势性是明确的，但是不够稳定。这体现在以短暂性、阶段性的项目制承接为主，稳定性具体的承接职能清单不健全、社会组织承接资质不够量化等。

第四，公众认可度不足，在市场经济的影响下，人们对于不具有营利性的社会组织开展应急科普活动认可度不足，往往将其定义为营销活动，即便有政府"背书"这种刻板印象依旧根深蒂固。

第五，社会组织科普服务的排外性，这主要体现为社会组织多以行业为主，尤其专门的受众群，对于其行业外的科普知识以及受众群难以兼顾。

4. 社会组织参与应急科普的提升路径

社会组织作为应急科普的主体趋势毋庸置疑，结合其参与应急科普的优势与存在问题，未来社会组织可从以下路径提升应急科普力。

第一，加快研究成果转化，提升品牌建设力。无论是行业性社会组织还是事业性社会组织，都聚合了大量的专业性人才，拥有大量的研究成果。无论是理论上的还是产品性的社会组织在确保可行性与需求性的基础上要加快落地，以成果来提升社会组织的社会认可度，打造组织品牌。

第二，积极参与政府购买服务，开拓多元资金渠道。目前社会组织参与应急科普建设的重要背景之一便是政府职能转换，具体体现为政府向社会组织购买服务。社会组织参与政府购买服务一方面可以确保资金来源，另一方面可以推动政府职能转换，实现真正的放权。此外，社会组织还可以向政府积极申请应急科普项目服务资金。

第三，设立专项基金，健全激励体系。社会组织应设立应急科普专项基金，用于开展应急科普活动、建设基础设施以及竞赛奖励等。鼓励公众积极参与应急科普，增强政府、公众对社会组织的信心。

第四，完善监督与评估体系，加强自身建设。为了预防组织内腐败、提高应急科普服务力，社会组织要健全组织运行机制、提升应急科普活动评估能力。要以多方评估为基准，建立政府监督、社会监督以及组织自律与监督结合的问责体系。

（三）大众媒体

从媒体性质来看，参与应急科普的大众媒体可以分为主流媒体和自媒体两个部分。

在互联网普及之前，参与应急科普的主要是主流媒体。在印刷媒介上，人们往往借助印刷小册子、期刊、报纸等进行专门性或夹带性应急科普，如美国的《大众科学》、国内的《中国应急管理科学》。对这类科普方式的研究发现，印刷媒介确实会影响到受众对诸如自然灾害的感知，但对于受众长远的影响不足。在广播领域，通常会以线性访谈节目、广播剧以及突发应急事件通报与临时科普为主，目前虽然互联网成为主要的应急科普传播渠道，但是广播对老年人以及儿童来说仍是重要的科普渠道，同时在户外探险、驾驶车辆等特殊场景中广播仍被高频使用。电视也通过应急科普栏目、短剧以及电视剧进行应急科普，如央视科教频道。

在网络时代，主流媒体主要是指各级党报以及具有政府“背书”的事业性媒体。自媒体主要包括通过现代化手段，私人化、平民化、自主化地传播应急科普的传播者或者机构。

1. 主流媒体

主流媒体在应急科普中的功能主要包括传递应急事件发展动态、普及应急事件处理方法、引导社会舆论与议程、传播应急科普科学思想与科学方法、整合社会应急科普资源等。

主流媒体在应急科普中的优势主要表现为：第一，统一领导下的大规模传播具有显著的传播效果。尤其是在诸如社会安全、事故灾难、公共卫生、自然灾害等重大突发事件中的应急科普，例如，在新冠疫情期间上海人民广播电视台制作了《FM十万个为什么》应急科普节目，对于科普防范知识、稳定社会心态、遏制谣言、引导舆论等方面发挥了重要作用。第二，主流媒体作为党的喉舌具有较强的公信力，传播应急科普知识具有专业性、权威性的特征。主流媒体链接的社会资源可以邀请科研机构、专家学者、社会组织等优质应急科普资源。第三，媒介融合发力，满足多场景应急科普需求。在媒介融合背景下，不仅传统的报纸、广播、电视突破机构壁垒进行了机构融合，新媒体矩阵也进行了融合阶段，同时H5、富媒体新闻等逐渐成为新的传播形态。如通过直播进行专家访谈、通过短视频科普防护知识。第四，主流媒体具有强大议程设置功能，应急科普作为其中的一部分能够积极引导社会关注点处于事实解决层面，而非情绪宣泄层面。在新冠疫情防控期间，正确防护类的应急科普信息占据人民日报、央视新闻、新华社三家主流媒体总发文量的三分之一，主流媒体通过设置议程积极调整社会关注维度、塑造个体判断力，达到了良好的科学防疫效果。

从目前主流媒体开展应急科普的现状来看，也存在一些不足。第一，应急科普资源库空缺，常态化传播不畅通。由于应急科普资源库的储备不足，缺乏前瞻性、规划性，不能及时回应社会需求，对应急事件的处理指导性不足。第二，媒体工作者应急科普经验不足，对内容的专业性、发布时机把握不准确。媒介素养不足极易造成公众对信息解读发生偏差，甚至引起社会恐慌，新冠疫情防控期间的“双黄连”抢购事件，就是因为媒体报道不严谨、时机不正确，引发了公众抢购双黄连的行为。第三，专注应急科普信息传播，科学思想、科学方法、科学精神传播不足。这些传播与普及的不足，极易造成受众对信息辨别能力不足、对专业知识的信服程度不足，以及接触应急科普信息的积极性不足。第四，应急科普作品的规范性与丰富性不足。虽然媒介融合为应急科普提供了丰富的手段和形态，但在具体应用上应急科普仍显乏力。第五，地方主流媒体与国家媒体联系不紧密，难以实现应急科普资源调配。地方媒体无论是在时空上，还是在心理上与当地受众都更接近，但由于上级媒体资源调配机制不完善，这一优势难以发挥，出现了议程设置落后、行动被动、阶段性和体系化传播难以有效开展等问题。

基于主流媒体开展应急科普的优势，未来主流媒体的提升路径应向以下几个方向改进。第一，建立应急科普常规性聚合平台，加强应急科普稳定性供给。这既需要媒体组织专门进行应急科普的团队，又要与科学组织建立稳定和常态的沟通。鼓励专业人士积极投稿，有效引导应急科普内容的生产、传播，形成聚集效应。第二，建立资源协同数字化平台，打通应急科普资源协同“最后一公里”。第三，充分利用议程设置功效，动态设置应急科普议程。要按照突发应急事件的不同发展阶段、不同区域分发不同的应急科普内容、策划不同的公众议题。一般来讲，主要包括防范性常规宣传阶段、应急事件发生后的服务阶段、事件处置时的沟通阶段以及后期恢复的反思阶段。第四，应急科普新闻化，主流媒体要充分发挥媒体功能和庞大的信源优势，将应急科普信息以连线、座谈、专题片的形式进行包装，例如，在新冠疫情防控期间，主流媒体通过与湖北武汉领导、防疫专家连线等形式将应急科普信息包装成电视新闻节目，其将新闻性、权威性、临场性有机地结合起来。

2. 网络自媒体

与互联网的去中心化特征相适应，网络自媒体进行应急科普也呈现出了主体多元化与去中心化，但随后又出现了再中心化，在微博、抖音、微信等主要的社交媒体平台上出现了一批科普头部博主，如丁香医生。在抖音上的专门类应急科普账号主要是政府认证的账号，如应急管理部（155.5万粉丝）、国家应急广播（171.3万粉丝）、巴中应急（56.6万粉丝），在消防领域应急科普官方账号表现较为优异，中国消防已突破1081.1万粉丝，天津消防、山东消防、济宁消防、湖北消防等都已突破了百万粉丝。在自媒体中，应急科普账号也主要集中在医疗健康领域，如“医路向前巍子”粉丝高达2477万，其认证为北京大学第一医院密云医院急诊外科医师。由此看来，专业做应急科普的自媒体号并不多，其通常是综合科普账号附带性传播。

囿于应急科普的知识性、严肃性，自媒体不断改善传播策略，重新构建了与传统自媒体叙事的不同受众关系。从当前研究成果来看，自媒体与受众的对话逻辑基本可以概括如下。第一，精细化传播。其精细化首先体现在内容层次，对内容进行精细生产，常用方法是专业机构生产——做某一领域内容，服务部分受众——打造一批网红科学家和意见领袖。精细化的另一个维度是基于算法，根据应急动态、用户画像进行精细化分发。第二，事实呈现较少，技术、情感与对策科普为主要方向。应急科普自媒体以进行社会动员传播应急处理措施为主要内容，对于事实原因等主观性色彩较为浓厚的内容较少传播。第三，用户协同叙事，在应急科普过程中用户接收习惯以及碎片化传播特征、情感倾向是重要的考量因素，应急科普从功能化与实用化逐渐转向情绪化、生动化，从传播结构、叙事风格入手来吸引受众，提高用户黏性。第四，从中心化传播转向了对话机制传播模式，强调对话意识。在对话意识的影响下，自媒体应急科普变成了科普者站在受众的角度进行互动性应急科普。

自媒体应急科普在传播形态上呈现的一个总体趋势是视觉化传播，主要基于以视觉和语言形式呈现信息可以增强记忆，这也是双重编码理论的重要原则之一。应急科普视觉化传播旨在解决专业性与通俗性冲突，内容同质化冲突，大信息量与碎片传播冲突。专业性与通俗性冲突主要表现为应急科普知识专业性程度较高，但社会大众的知识储备与理解能力不足，同时，应急科普专业知识在通俗化表达的过程中可能存在翻译错误以及断章取义的情况。内容同质化冲突是由于自媒体数据主要来自官方发布以及科研机构、行业报告等，相对来说信源较为单一，因此呈现形式就成为突破内容同质化的一个重要渠道，在新冠疫情防控期间各种疫情地图受到追捧，图解新闻、漫画推文、动态数据排行榜也被自媒体广泛应用。大信息量与碎片传播冲突主要是因为在应急科普中重视体系化、结构化传播，同时突发事件变化快，不同的阶段需要不同的应急科普知识，应急科普需要大量的信息传输。而在新媒体时代，用户多习惯碎片化传播，单位媒体产品的篇幅、时长都有较大的限制，如何提升单个作品的信息量成为主要问题，为此可以通过视觉化传达，利用图片、视频来传输一些背景信息和感官信息，在提升信息容量的同时还能增加受众感知程度。

自媒体在应急科普领域除了及时性强、传播范围广、创作主体多元等优势以外，还有以下几个优势。（1）垂直领域细分，信息质量更高。应急科普本就属于一个垂直领域，自媒体行业对其进行了二次细分，如消防、交通、医疗健康，但大多数领域并未进行细分。（2）运营以传播效果为导向，更具灵活性。无论是团队运营还是个人运营，网络自媒体都以营利为主要目的，以传播效果和转化率为主要考核标准，这与主流媒体的以舆论引导或完成政治性任务为考核标准完全不同，因此自媒体更注重用户反馈，更注重对用户的下沉，在选题和应用模式上更有吸引性，比如自媒体通常采用图文混排、视频文字混排等鲜活的表达方式。（3）以受众为中心，传播链更持久。通过动态追踪受众的需求，能够持续将受众不断拉回到传播链中，传播链稳定并不断延长。同时，为了稳定核心应急科普受众，头部应急科普账号虽然会在各个平台建立账号实行矩阵化传播，但多以一个平台为主要阵地，其他平台为辅助。

目前应急科普在国内还不够完善，具体到网络自媒体语境下主要表现如下。第一，评价体系不完善，现有对于应急科普的评价研究一般还处于描述性研究，效果研究中的评价体系基本处于待垦状态，而且现有的应急科普效果研究重过程评估、少总结性评估，往往将传播效果等同于传播的广度和受众的满意度。第二，内容原创方向窄化，目前应急科普自媒体以深耕某一领域为主，这就缩小了受众群，再确定用户群画像以及接收特征以后传播风格也就相对固定，这为传播创新提出了难度。而在内容方面，除了内容垂直深耕带来的选题窄化，平台算法推荐也使得这类严肃性、知识性内容难以被系统推荐，与强调娱乐性、体验性的账号相比处于下风。在这种种限制下往往出现一个题材爆火以后反复进行二次创作与模仿或者再次发布。第三，价值链延伸受到客观限制。目前应急科普自媒体多以第三方平台为主，缺乏自研平台，这使得在一个平台的业务难以平行复制到其他辅助平台，丧失功能开发权，一些价值链延伸就无法展开。如丁香医生在微信平台可以进行应急科普、健康科普、健康咨询、药品销售以及定制健康服务等，而在视频平台囿于平台生态建设，其主要开展应急科普和健康知识传播。第四，传播模型较为单一。当前应急科普为了迎合应急信息的时效性要求以及总体传播短平快趋势，应急科普多以是什么、为什么、怎么办的基本模型进行应急科普，模式较为单一。

未来，自媒体要想在应急科普领域深耕，其发展路径离不开以下几条：

第一，建立立体化多维评价体系，评价体系在理论指导上应以说服性理论为主、以群体性传播为辅，这主要是基于应急科普旨在从态度、行为等方面提高人们对于应急环境的认知和处理能力。立体多维评价体系的评测重点依旧是效果评价，为此可以分为形成、过程以及总结三个子指标。在数据收集上既要总揽大数据又要兼顾小数据，大数据主要是垂直领域应急科普的总结性报告或整体事件中的动态数据；而小数据则应关注到具体传播数据，如单个作品的阅读量、点赞数、评论量和转发量。应急科普传播者以此来测量用户对应急科普作品的关注度、认可度、二次传播情况以及理解程度并据此对传播内容和方式进行调整。

第二，构建多种传播模型。目前主要传播模型为“是什么、为什么、怎么办”，从其他领域和学科的探索来看，应急科普领域可以借鉴以下几个模型。一是扩展平行过程，该模型认为展示风险不只会引导受众实施健康行为，还有可能使人们由于过度恐慌而采取讳疾忌医的方式，对可能的风险视而不见。芮牮、刘颖认为基于这样的模型可以推断出高威胁与却无力应对的感觉，因此容易造成只有在高威胁和效能的情况下，个体才会采纳信息中推荐的行为，只有既向受众展示风险又向受众提供可以降低风险的方法，应急科普传播才能达成预期效果。二是行为预测整合模型，该模型认为态度、感知到的社会规范、自我效能是三个主要影响人们健康行为的因素，将其移植到应急科普中可将社会环境、社会身份、社会规范纳入提升应急科普实践力和设计具体模型的考量因素。三是重参与模型，此类模型强调应急科普中的诸如科学家、行业人员、受众等主体从被动地位转向主动地位。江宏春对科学传播中常用的“中心广播模型”“欠缺模型”“对话模型”进行更新，将其发展为“重参与的中心广播模型”“更严谨的欠缺模型”“有监督的对话模型”，其虽分别侧重参与不足、严谨性欠缺、传播行为异化分别解决科学传播模型问题，他将主体转化为行动者，旨在为行动者提供一个更积极参与、更良性互动的参与式科学传播活动。四是谣言治理模型，在突发公共事件中，各种利益纷争极易造成谣言扩散，造成“信息疫情”。因此，一些学者从谣言产生、传播、治理等维度开始探究与谣言相关的分析模型。例如，学者陈安等从谣言的传播治理出发，以SEIR模型为基础，综合考虑政府干预滞后性、个体信息接受从众效应、谣言传播特点等对模型进行合理改进，并通过数值实验对重大公共卫生事件中的伪科学网络谣言传播机制进一步研究。

第三，人格化叙事。人格化叙事是基于人格化传播的一种新的传播方式，是指真实或虚拟的媒介代言人综合使用人格化的语言和视觉符号，在传播过程中凸显人的情感、个性和魅力的内容呈现策略。在应急科普领域，塑造人格化叙事仍旧要从叙事主体、叙事方式与叙事模式三个方面展开。在叙事主体上，应急科普传播主体通常将其与自己的身份如新闻播报员、一线人员相结合，给人以陪伴感和亲切感，在心理上拉近了与受众的距离。在叙事方式上，以个人口吻为主，从描绘用户画像向塑造用户画像和叙事者人设转变。在叙事模式上，突破以往的陈述性、描述性主要模式，采用“事件描述+观点+评论”的模式，同时利用新媒体平台与受众进行互动。在人格化叙事过程中，要规避个人情绪化、运用恰当的语言、选择恰当的内容。

第四，日常生活分享与应急科普相结合。应急科普不仅仅应该传播应急内容，还应在人格化叙事的基础上和受众分享账号主体的日常生活，以此来提高传播内容的丰富度和传播力。例如乌鲁木齐市消防救援支队抖音号，通过拍摄队员日常搞怪、模仿土味视频来丰富账号内容。在宣传消防应急知识时，也采用搞怪的方式，如在普及厨房着火应急知识时利用喷火的煤气罐烤香肠、被队长惩罚背着铁锅做引体向上等，吸引了一大波网友的关注。

第五，增强平台建设能力。应急科普平台建设应朝着两个方向发力。

一是提高自研平台传播力，通过将公域流量转为私域流量的方式增长用户价值链，通过建设自己的平台完善垂直领域的应急科普生态。例如丁香医生在其自建平台“丁香医生App”里以“健康生活”为主题，打造了健康攻略、健康百科、问诊资讯、疫苗预约、专家直播的内容生态。二是提高第三方平台利用率，重复利用平台既有生态，打造相对应的内容生态。此外，应急科普还要积极探索技术对平台的赋能作用，如利用AR、VR等虚拟现实技术，提升科普形式和内容传播力。

第二节　应急科普传播客体

应急科普传播客体主要是社会公众以及专业人士，在互联网受众主体性的影响下，应急科普也逐渐走向客体主体性。

一、应急科普与主体性研究

主体性初始含义指向个人存在的价值和意义，表现为个体的一种自由、自律意识特质。主体性强调个人自由选择和权利的正当地位，思想家们对于它的理解见仁见智。笛卡儿提出“我思故我在”，主体性传播强调批判那些过于组织化、统一性、异化的传播，强调受众作为能动性对象的存在意义。在此基础上传播学开始大量探索与引用相关的理论，如使用与满足理论、个体差异论、信息处理理论等。

近年来，在互联网的影响下，转向对互动、反馈、体验、叙事的受众主体性研究不断增加。受众不断被赋权，代称也由受众转变为用户，学者孟威认为其主体性提升主要表征为信息选择自主化、信息生产的社会化、信息交流的互动化、信息呈现与接受的个性化。学者吴雯则认为受众主体性主要体现为主体倾向性、自主创造性、自由散播性，在自由散播性中还存在用户与新媒体外部回路和用户内部两个回路。由于受众成分的复杂性，用户主体性也呈现一定的危机，主要表现为权利主体迷失在对权利对象的追求之中，削弱或背离了用户主体的发展理性；主体意识封闭，小团体的权利挑战群体伦理，拉大观念鸿沟，导致网络社会共同体生活新的撕裂；将个人主体性拔高至不受任何干预的地位，或直接将其与公权力对峙。

鉴于应急科普研究较为欠缺，因此借鉴科普领域对于受众的研究来探析应急科普领域的受众主体性研究现状。通过文献整理，以下几对关系被学界广泛关注。一是受众需求与科普，首先是对于需求结构的研究，即需求受众分布状况，此类研究多以定量研究为主。例如学者王黎明、钟琦通过对搜索数据整理，按照发展科普需求强度和需求宽度两个量化指标进行。认为网民在需求分布上呈现科普需求结构的年轻化、男性是网民科普需求的主体、网民科普需求地域分布不平衡、网民科普需求主要来自移动端的特征，而在需求结构上则呈现多梯队需求结构、科普热点的需求强度与宽度显著正相关、科普需求强度具有长尾效应。此外，还有学者对科普形式需求进行了研究，例如赵兰兰通过实地考察，发现北京居民最偏向的科普形式是“游戏”，占比为62.3%。二是用户与科普短视频研究，这一方面与上述的受众需求有所重合，比如人群分布，但其在心理需求、效果研究方面有更深的研究逻辑，例如将受众科普需求与短视频平台的社交属性相联系、探究用户自身认知需求，从而获得社交优越感。此外，科普短视频作为一种认知中介产生的传播效果也进入研究视域，对一些科普短视频在认知、态度层面上的作用路径研究发现，受众对声音和图像内容的注意力都会起到正相关的影响作用，但是对声音内容产生的关联思考会正向影响受众获取的知识量。三是特定人群与科普。该领域主要研究特定人群的科普需求、意愿等。例如，探究青少年科普往往将其置于教育背景下，探究农业、航天等领域的科普教育实践开展、探究科普知识纳入课程体系探索问题、探究科普教育与其他能力培养的关系，例如，杨皓、方宇等探究了青少年科普教育对创新能力培养的作用。四是探究受众体验与科普的关系，受众体验主要集中在科普场馆体验性、虚拟现实技术提升体验性、内容体验性。

二、社会公众与应急科普

从需求、生产、参与意愿、记忆等维度对应急科普传播客体的社会公众进行分析。

（一）需求

社会公众对于应急科普的需求，在一定程度上取决于社会公众对于风险的感知能力，随着社会的发展以及社会公众分担风险的比重逐渐增多，社会公众对风险的感知越清晰，但对于具体影响因素，学界尚未达成一致，目前存在客观风险论、风险传播论、个体自主论、文化塑造论几个不同观点。一般来说，公众对于突发性事件的风险感知较强，对于其特征，王炼、贾建民认为突发性灾害事件发生后，公众风险感知迅速跳上高位，并且集中在受灾害事件直接影响地区，之后呈指数形式快速下降，同时逐渐向非受灾地区扩散。学者蒲晓红、赵海堂通过10143个样本分析发现食品安全、隐私安全、交通安全、环境安全是社会公众感知比较强的风险，换句话说，用户对应急科普的需求主要集中在这几个方面。其中互联网作为一个中介承担了重要的角色，研究发现互联网使用对风险感知具有显著的正向影响、政府信任在互联网的风险放大效应中起部分中介作用。因此从社会受众风险感知出发，政府可以通过互联网建设来减弱社会公众对风险的过激感知，以此来进行风险管理、集中满足社会公众的主要应急科普需求。

社会公众作为应急科普内容的消费者，其获取渠道主要为互联网，尤其是在亟须应急科普内容的场景下，但研究发现只有9.3%的公众信任网络渠道的应急科普内容，对于传统媒体的信任度远高于网络媒体，这一获取渠道与信任度的错位形成了传播异化。社会公众对于应急科普内容的主动接触情况并不是很多，主要是处于应急情境时才主动搜索，因此可以看出应急科普内容的作用路径比较长，以一种社会共享知识库的身份存在，其传播效果并不是即时的。而对于公众应急科普内容的满足，在供给端是比较积极的，例如在新冠疫情防控期间，多数公众认为当下应急科普内容基本能满足需求。但相关数据统计发现，有过半的公众认为自己掌握的程度一般。除了普适性、基础性应急信息以外，公众对参与度、形式、辟谣、心理疏导等维度提出了诉求。在后疫情时代出现了用人单位不录用曾呈阳性的应聘者的现象，为此公众提出要加强阳性人员心理疏导，以及在社会层面普及阳性人员传染性、返阳可能性等相关的知识，以此来疏导社会心理。

社会公众对于边缘应急科普信息的需求在本质上是对应急文化的需求。应急文化作为文化的一种，广义上包括一切与应对灾害及各类突发事件相关的人类行为观念、态度、心理、活动等，之前学者们所研究的灾难文化、灾害文化、灾害应急文化等概念也都属于应急文化的范畴。对于其内在构成，学者颜烨将其总结为“要素类别—文化层次”“要素导向—应急环节”“群体氛围—个人素养”三种关系模式。应急文化建设的动力有灾害场景的外部动力，也有社会公众安全需要、应急社会化传播与动员等内部动力。基于应急文化建设动力，我国应建立具有中国特色社会主义性质的应急文化体系，学者安红昌、寒露认为应从文化、形态、对象三个维度展开。具体的是从意识观念、法律体系、行为规范、宣传阵地各个维度展开建设。

（二）生产

在应急科普中，社会公众既是内容的消费者，也是生产者。社会公众作为应急科普的生产者主要参与应急科普的众包生产。众包应急科普建立在众包科学的基础上，众包科学的本意是社会领域的非职业科学家，尤其是有科学志趣的普通公众参与开放式科学活动的行为，科学研究是活动的首要目的。社会公众参与众包应急科普主要包括两大模式。一是UGC（用户原创内容），一般性用户贡献应急科普内容主要由外部环境刺激产生的分享欲，一般来说这种刺激超出了用户的承受程度或者对其本身产生了一定的影响。在这种情境下，突发情景伴随着用户的分享而在关系链中扩散，在此过程中，用户掌握了情景的解释权。这其中蕴含了一定的传播风险，例如在“7·23甬温线特别重大铁路交通事故”事件中，在场群众将“事故现场为了保证处在泥潭的高铁的稳定性掩埋车头”解释为要掩盖证据，引发了舆论哗然。社会公众在生产传播内容时往往以直觉、情感为导向，对信息进行半加工，同时在下一个传播链中继续异化，放大了应急事件的舆论风险。二是PUGC（专家生产内容），此类主要针对其关注领域，以及突发应急事件的相关科普进行连贯。囿于应急科普知识的专业性，多数PUGC是对文字信息的视频化处理以及逻辑串联。PUGC在进行应急科普中具有以下特征：一是兼具个性化与专业化，其个性化主要由其账号定位以及个人色彩决定，专业性由应急科普知识的专业性和专业人士和MCN机构（网络经纪公司）的专业运营共同驱动；二是高品质化，虽然应急科普的门槛随着互联网时代的到来越来越低，但是具有稳定性和长久发展的PUGC仍需要进行高质量传播。

无论是UGC，还是PUGC，其在应急内容传播过程中都要衡量这样几对关系：一是应急科普内容与公序良俗的关系。一些社会突发状况发生时，往往是应急科普爆发的高峰期，在应急科普过程中如何选取与处理素材、组织内容是个巨大的挑战——既要有基本的知识结构，又要具有视觉冲击力，更要避免对当事人的二次伤害，以及遵守基本的传播道德。例如，视频直播，其在突发事件中进行应急科普具有直观呈现、快速反应、即时互动、信息整合、舆论引导、陪伴守护的传播优势。为了更好地发挥这些优势，创作者要平衡好理性和情感的关系，重视人文关怀；选择恰当科普时机和科普内容，减少社会应激反应；保守当事人隐私，充分考量当事人的基本利益；杜绝煽情文学，善待生命。二是个人与圈层化协调。在社交时代，圈层化生存成为用户的基本特征之一，其间有两个分层处理，平台分层和平台内分层。例如B站主要为二次元用户，B站内有各种区。进行应急科普内容创作既要符合所在平台的基本风格，又要切合平台内所在分层的“气质”。三是个人控制与平台机制相协调。在UGC和PUGC创作路径发展过程中，早已不是单纯的自我价值实现以及无利益协商，已开始开发应急科普的商业价值，为此创作者和平台推荐机制要进行不断博弈，证明自己创作内容的公众受益性以及自身的可持续生产能力，同时要向市场证明自己的创收性和存在必要性。四是内容生产与个人稳态的关系。在UGC生产过程中，往往具有偶发创作、高传播量的特征，但也存在对其本身生活造成冲击的现象。例如，在社交媒体进行应急科普的行为对其生活的稳定性产生巨大冲击，尤其是平台集社交、内容创作、运维于一体，往往生活与工作合为一体，造成个人异化。

（三）参与意愿

风险社会视域下，公众需要掌握应急科普知识，但这并不是社会公众主要的生产活动和主要任务，如何评测公众对应急科普的参与意愿以及如何提高参与意愿是一个需要长久探索和解决的问题。

为了解决社会公众参与应急科普意愿问题，学界引用和建构了一系列模型。例如，通过ECM模型来探究持续参与度。ECM模型又称期望模型，最早由美国营销专家奥立佛提出，后来学者对其进行发展，将期望划分为满意、确认度、感知表现三个指标。随着模型使用范围的扩展，德洛内和麦克莱恩将其发展为包含系统质量、信息质量、使用、用户满意度、个人影响和组织影响六个维度的描述性模型，又称为D&M模型，将其用来分析社会公众参与应急科普的参与意愿。

技术接受模型目前也被广泛应用于信息接收研究，其最开始被用来研究金融领域的问题，金融领域的服务质量和保险的有用性是影响用户对金融保险服务持续使用意向的最重要变量，后来该模型逐渐被用来研究用户对新媒体平台或软件使用意愿问题，并将有用性和易用性作为重要的考量因素。在非正式环境中的持续性学习应急科普知识是一个重要的领域。该问题强调外部环境以及持续性学习。基于此方面建立的社会认知模型又称Probit模型（线性模型）。该模型提供了一个新的研究视角，强调个体认知、行为、环境是相互作用的统一整体，在“环境—个体认知—行为”逻辑上构建了研究持续参与意愿分析框架。相关研究发现，在持续性参与意愿影响因素中，外部环境、结果期望具有正向影响，素质结果期望、收入结果具有中介作用。

此外，风险感知也是一个探索社会公众参与应急科普意愿的重要探索领域。

通过对已有公众参与模型的研究可以发现，用户感知、外部环境质量、学习效果是三个重要的影响用户参与应急科普的影响因素。

（四）记忆

应急科普的目的是让社会大众掌握应急科普内容、提升应急技能、传播应急科学思想、弘扬科学精神。要完成这一系列的目标离不开社会公众的参与，更要依赖人的记忆系统。

借鉴认知心理学的观点，社会公众在参与应急科普时的记忆可以用“感觉记忆—短时记忆—长时记忆”的记忆链条来形容，同时要考虑情绪、动机、能力、环境等因素。为此，学界进行了一系列研究，主要研究方向有影响用户记忆的驱动力与影响因素、某个影响因素的用户记忆的影响、用户记忆表现的评价与测量体系。李凯研究了行为中的记忆性以及影响因素，认为人在行为过程中也有记忆行为，并且记忆效应取决于过去事件在当前时刻所产生的累计效应，并认为学习背景也会影响记忆效果。羊莉、蒋正清则针对诱惑性细节对科普微视频记忆效果的影响进行了研究。诱惑性细节指的是有趣但与教学目标没有必要关系的内容。其研究认为，诱惑性细节会对学习者造成学习的负担，并从认知负荷的角度进行了解释。

喻国明、韩婷则从测量角度对用户在传播认知中的记忆效果进行了测量，并从传播者特征、传播内容特征、传播渠道特征和受众特征四个维度构建了记忆效果评价体系。

感觉记忆主要以视觉和听觉作为主要通道，在应急科普中要充分利用图像记忆和声像记忆。在感觉记忆中重视冲击力和材料的鲜明性，但其容量有限，研究表明视觉记忆的容量是9—20bit（项目）。在应急科普中触发感觉记忆要注重材料的组合，同时，在感觉记忆中伴随着较为深层次的信息整合加工，这种加工是潜意识的，不受控制的，因此在应急科普中材料的选择要具有典型性、接近性。

在应急科普中，短时记忆具有加工器和缓冲器双重作用，其加工器功能是对感觉记忆的材料加工，在这期间感觉记忆维持时间在0.25秒左右，同时短时记忆的容量在七个组块左右，这就要求应急科普的内容在选择上一要注重时长，同时要将应急科普信息成组块式呈现，如应急事件信息组块、应急技能习得组块，而组块的大小则要估计人群分类，这主要考虑到不同的人群复述回路不同，例如有过应急经验的学习者要比无经验者的复述回路短。对于复述回路的重视，一是要考虑即刻的学习效果，另一个是考虑短时记忆的消退问题，认知心理学认为干扰是短时记忆遗忘的主要原因，那么复述回路过长，则会对下一段的复述造成噪声干扰。同时在感觉记忆向短时记忆编码过程中，视觉代码逐渐向听觉代码转变，这与我们通常强调的应急科普要重视视觉材料的不同，而是强调画面的选择要方便由形到音的转换。

三、专业人员与应急科普

（一）作为生产者的专业人员

对于专业人士作为生产者在社会组织作为应急科普传播主体部分以及社会公众的PUGC生产部分中已有涉及，概括来说，专家发挥其专业性、权威性对用户进行应急科普。同时在作为独立生产者时人格化传播是其一个重要特征，但在应急科普中其往往要借助政府、机构、单位的公信力作为其传播背书。在此，不再对其生产方式进行过多赘述，主要针对如何建构专业人士参与应急科普的评价体系，以及其作为应急科普生产者出现的问题进行讨论。

1. 专家系统参与应急科普评价体系

专家参与应急科普的评价体系需要从内部环境以及外部效果两方面展开，同时要让两个评级体系有机结合起来，在内部体系指标建设中要从工作规划、专业建树、内容导向、服务经历、认证信息以及利益相关度来发展二级指标。对于外部环境则要从传播效果、互动指数、反馈评价、身份认可度、知识转化度等方面进行。

2. 专家参与应急科普的常见问题

最具突出的问题在于角色冲突，第一是专家在参与应急科普的过程中要将专家身份向科普传播者身份转变，其转变策略一般是模仿社交媒体已成型的博主，这淡化了其专家标识，致使公众对其专业度以及身份产生了质疑。专业人士长期处于应急科普的学术界，众多前沿问题与知识往往与公众的常识背道而驰，同时一些具有争议的议题也存在专家与专家之间立场不一致而造成了舆论场混乱。第二是专家逐渐越过媒体中介，逐渐与公众直接对话而造成的议程碎片。在以往传播格局中，专家往往以顾问的身份参与传统媒体的议程设置，以此形成一环扣一环的系统化传播，而专家个人化传播虽然能紧跟时事，但是在总体把握与议程设置上有所欠缺，导致前后应急科普内容矛盾，消解其权威性。第三是数字化呈现能力不足，专业人士长期以文字作为主要输出载体，在社交媒体时代富文本成为主流形式，在技术、叙事范式上能力较为欠缺，尤其是应急科普的强视觉性与强体验性对专家提出了更多的要求。第四是强知识性与难落地矛盾。专家学理性思维强调应急科普知识的正确性，而很多时候忽略其应用实践性，致使“建议专家不要建议”经常成为笑谈。而有的专家却在社交媒体平台广受欢迎，其共同的特征为解决受众生活中的应急问题继而进行科普。例如“落入水中，不会游泳怎么办？”“中暑后藿香正气水的正确用法”“被蛇咬能用嘴吸吗”等。

3. 信任重建

专家参与应急科普产生诸多的问题，导致的一个共性问题就是公众对专家的信任度不断下降。透过现象看本质，专家系统的失灵主要由以下因素造成：第一是公众对于专家的理想化期望，社会公众在接触专家时所设定的预期是能够对自己的决策以及现实问题产生直接性的影响，但知识本就是抽象化的提取，而应急情况瞬息万变，当专家的应急知识缺乏实践效果或者出现知识空白时，信任缺失就出现了。第二是市场化影响与价值偏见。随着应急科普领域的产业化发展，专家系统参与到市场经济中，为此附带一定的利益关系，专家成为利益集团的一部分，同时其社会地位与连接的社会资源成为盈利的一种手段，在长期的消耗过程中专家信任危机逐渐出现。第三是群体污名化。在应急科普中专家都是以公共利益为导向，参与有效的治理，但在市场经济下，部分专家价值观开始扭曲，造成公众对整个专家群体的污名化。第四是契约精神的松散型，专家在应急科普的过程中与社会公众并没有长期的契约限定，公众完全出于一种默认或崇拜心理而信任专家，在没有一定的规制和第三方参与情况下这种契约是松散的、自发的，因此也是极易破裂的。

针对专家在应急科普中的信任缺失，可以从以下维度进行缺失重建。一是重视发挥价值理性。长期以来社会公众认为知识分子是社会良知的代表，尤其是在重大突发事件发生或者在时代的转折点，知识分子以其强烈的社会责任感和时代担当推动一个个时代难题的解决。同时在知识层面，其具有普通人不具备的专长，这些专长经过时间的积淀具有极高的理性，基本没有利益掺杂，这也是公众在应急事件中相信专家的重要基础，因此专家在参与应急科普时要通过借助人们对知识分子的认知图式和对知识的信任充分发挥价值理性的作用，以此来重建信任。二是建立专家应急科普资格审查与追责系统。一般来说，应急科普专家具有事业单位组织背景，对于其参与应急科普活动应通过组织进行资格确定以及记录，进行身份性确定和专业性确定。此外要通过建立追责体系来遏制专家知识权力的无序扩张，防范利益、权力对知识的借用，要建立必要的法律规范，同时也应建立正向的激励制度，对于在应急事件或应急科普中作出贡献的应与已有的职称评定系统挂钩。三是节制化情感传播，中国向来重视关系在社会氛围中作用，在应急科普中通常通过营造虚拟亲属关系来代称传播者，例如，在新冠疫情防控期间李兰娟院士被网友称呼为“李奶奶”，文艺晨、陈岚将认为这表达了广大公众对他们的认可，将其拉入自己的核心信任圈，标志着“拟亲属”关系的建立。“拟亲属”关系不止体现在专家对公众的保护上。因为专家与公众新关系的建立，被公众当作“家里人”，公众也会表现出对于“家庭成员”的保护。但专家在应急科普中对于“拟亲属”关系要慎用，并且要通过建立情感共同体进行维系。这项研究还揭示了，情感与理性在应急科普中并不是对立的关系。

（二）作为受众的专业人员

有些专家并不直接参与应急科普活动实践，而作为一般性受众接收应急科普知识。但是与社会公正而言，其仍具有一定的特殊角色功能。

1. 意见领袖

专家在作为应急科普受众时仍具有成为意见领袖的潜质。其专业学识与已有的社会成就为其成为意见领袖打造了潜在基础。此外专家作为意见领袖一般具有两个触发机制：一是当突发公共事件发生，专家基于自己的专业知识对公共传播内容进行解读；二是当其他创作者的应急科普内容出现知识性错误时，对其进行纠正。作为受众的专家进行内容纠正其主要心理动机是职业道德约束。很多专业人员是突发事件的一线工作者，其掌握了大量的信息资源，能够实时播报应急事件的进展、解决程度，甚至能够引导舆论、减少恐慌。同时此类意见领袖通常采用去饰化与非专业性拍摄，并且通常以展示应急事件幕后、小事件为主，此种呈现效果虽然在视觉上观赏性不够，但其更具有真实性、更具说服力，能够在情感上拉近和受众的距离，同时能够揭露更多的信息。例如在新冠疫情暴发伊始，李文亮医生作为吹哨人，在微信渠道首次向外界发出防护预警，迅速成为新的意见领袖。当然在受众通过非公众平台传播成为意见领袖时有些官方不宜披露的信息可能随之流出，对安抚社会恐慌情绪造成一定的困难。同时作为以受众为主要角色的专家成为意见领袖多为在某一事件中、单次爆发为主，当热度褪去其意见领袖身份也就随之失去。

2. 把关人

作为受众的专家在对应急科普中的把关是以事后把关为主要方式。转发批驳、评论区纠正、平台举报一般是常见的把关渠道。这与网络时代由事后把关向事前把关的总体趋势相契合，同时基于应急科普在一些特定情境下对于速度要求较为严苛，更加剧了事后把关的显性特征。在事后把关主趋势、一般用户缺乏专业性以及把关主体离散化的把关现状下，专家积极参与应急科普内容的把关将内容专业性纳入了把关程序，同时预防了一些扭曲价值观以及利益驱动对应急科普内容的影响。而对于专家自身来说，其应当明确和意识到自己在事后把关时代能够发挥的作用，以及自己的把关行为对于修正应急科普内容、引导舆论导向、净化空间的推动作用。针对专家作为把关人的这一自发性现象，应急平台应给予一定的规范性引导，加强应急内容的分类机制，建立具有激励性质的众包把关平台，赋予专家以平台背书的把关权力，发挥其垂直性把关效率优势。

3. 中介因素

专业人士作为受众来审视应急科普实践能将其自身作为民族志研究的剖析对象，推动产学研合作。产学研合作是应急科普工作的重要组成部分，专家作为受众成为受众与产学研沟通的桥梁，成为一个沟通中介。其既能将受众的反馈与需求传递给应急科普主要主体，又能作为研究主体实践研究成果。同时从其生产活动角度，其日常生产活动就在产学研各主体中进行，能将各个主体的信息与资源打通，成为一个载体与中介。专家另一个重要的中介作用在于知识的大众化传播与理解中介，成为一个译码与重现编码者。但是专家将其自身定位于受众，说明其本身的参与积极性就不高，发挥其中介作用必然要提高其自主参与应急科普的主动性。如何在不改变专业人士受众心理定位的同时发挥其积极中介作用，仍值得探讨。

在正式学习环境中主体一般默认为学校，在其进行应急科普过程中要充分利用其系统化、结构化教育的优势，并强调使用接近性与知识与技能的转化性。

在非正式学习环境下，主要主体包括政府、社会组织以及媒体，对于政府来说其既肩负着统筹应急科普顶层设计问题，又有开展具体应急科普活动的任务，对于政府来讲其进行应急科普的最终目的是对社会风险进行管理，因此在对其应急科普工作评估时也将重点放在了效果评估。我国的社会组织除了包括民间公益性组织还包括具有政府背书的事业性组织，其主要作用有作为中介连接企业、政府、市场，推动应急科普产业化发展，以及在政府改革的背景下承接政府应急科普的职能，同时也对其参与应急科普的提升路径进行讨论。对于媒体这一主体，主要分为主流媒体和自媒体两部分进行讨论。

应急科普的客体主要为社会公众和专业人士。社会公众在应急科普中的主体性倾向越来越明显，其中风险感知是较大驱动力。在角色定位上，社会公众既是应急科普内容消费者也是生产者，对于专业人士，则从其在应急科普中作为生产者面临的问题以及作为受众的角色定位进行了分析，尤其是对信任缺失现象进行了解剖。

第三章 全媒体时代的应急科普传播

信息技术的更新换代使传播秩序发生了深层次的变革，使人们置身于全媒体的环境中，实现了数字化、跨时空、交互式与多功能融合式传播。对全媒体传播的理解与应用也不断深化，由最初传统媒体内容在新媒体传播这种浅层次的形式，以及传统媒体和新媒体叠加使用的初级阶段，逐步向各个层级的媒体深度融合转变。在新的时代背景下，推动媒体融合传播，构建全媒体传播体系成为媒体发展的必然趋势。

第一节　全媒体概念的生成与身份界定

一、全媒体的概念解析

全媒体是一个与传媒行业紧密联系，逐渐受到高校相关专业重视并付诸教学改革实践的概念与提法。由于全媒体这个概念相对较新，又与多媒体有着密切的关联，因此学界并没有特别为全媒体作出准确、权威的概念性解释。在这种情况下，我们可以通过全媒体概念的产生、发展以及在不同行业中的表现来分别进行描述、分析，从而对全媒体有一个较为全面的论述。这对于新闻传播、高等教育等行业都会有积极的理论研究意义。

（一）基本含义

全媒体并不是舶来品，没有合适的外文名词与之对应，而是由中国传媒业率先提出的一个概念，与中国新闻业的改革密切相关。从媒体运行方式来看，全媒体是指将采写的相关视频、音频、图片以及文字稿以原始资料的形式归入媒体库，再根据不同的媒体类型进行二次编辑与生产，在不同的传播渠道使用不同形态的新闻产品的一种新型媒体形式。

比如，针对一条新闻，首先将相关素材归入媒体库并进行初步的编辑、整理。针对报纸媒体，可以选择图片、视频截图和文字进行文稿编辑；针对网络媒体，既可以输出报纸媒体内容的电子版，也可以扩展为结合了视频、音频、图片与文字的影片格式，还可以将影片放置在门户网站、视频网站或者博客、微博等媒体上供网友观看、下载、转发和评论。

上海交通大学姚君喜教授认为，全媒体是伴随着作为数字媒介技术平台下的媒介融合而出现的概念，旨在建构一种全新的媒介生产和传播的技术平台，随后则演化为一种全新的媒介运营模式，并由此生发出对媒介内容的生产、传播、消费等传统形式的再造等内涵。

中国人民大学新闻学院教授彭兰认为，全媒体是指一种业务运作的整体模式与策略，即运用所有媒体手段和平台来构建大的报道体系，从单落点、单形态、单平台转向多落点、多形态与多平台。

常见的全媒体理论研究还包括媒介运营说、媒介形态说、媒介整合说、媒介营销说等，将全媒体看作媒介观念、媒介形态、传播手段、信息生产方式、媒介运营形式等，这对于我们更好地理解、认识全媒体都是大有裨益的。

（二）扩展含义

以全媒体的传媒内涵描述为参照，在外延层面，则可以扩展到多种媒介形式并存的媒体时代层面，形成较为宏观的全媒体的时代性概念；而在内涵层面看，融合了多种媒介形式的影片也被称为“全媒体”，这是一种作品性的描述，可以看作全媒体概念的内容承载与细节表现。

经过了概念的延展与细节提炼，结合概念主体，就形成了当下全媒体概念研究的三层结构，即媒体时代背景、传媒行业推动与实体作品三个方面互相联系、相辅相成。

比如，传媒行业对全媒体概念的推崇离不开对媒体时代的考量与把握；而实体作品是传媒行业相关理念得以实现的基础与前提。学习全媒体作品创意、制作与输出也无法脱离对于传媒行业和媒体时代的了解与把握。做不到这一点，即便掌握了全媒体作品的制作方式，也无法从根本上理解评判作品优劣的考量标准，使得技能学习与社会、时代脱节。

二、全媒体的身份界定

（一）技术革命推动报业身份转型

全媒体是媒介融合的概念。我国传媒在探索媒介融合过程中衍生出了这一带有鲜明实践性特色的概念。不同于“媒介融合”引入国内，“全媒体”最早由中国传媒业界提出，并作为一种实践理念得到认可。与以往传媒改革从内容生产与战略层面的转换形成鲜明对照的是，全媒体来自传媒业界的技术应用层面，即来自对技术应用并不敏感的报业传媒。

2005年“媒介融合”进入国内传媒业视野之后，全媒体在技术应用层面作为一种新的应用方案被提出。2006年，北大方正电子有限公司从技术提供商的角度，率先为报业面对新媒体的挑战支招，提出实现报业全媒体技术布局与数字报业的战略规划。此后，该公司相继推出“全媒体报业技术规划”“数字报纸的解决方案”和“全媒体资源库解决方案”。这是国内最早基于报业技术变革层面提出的全媒体理念，但它的创意并不是源于报业传媒内部，而是来自技术供应商对传媒变革趋势的预知与判断。

在技术应用上，全媒体这一概念在通信技术领域也多次被提及，如包含各种媒介形式和渠道的“全媒体通信”，在商业模式上实现全面覆盖的全业务运作、全业态模式。通信领域的技术特点与业务模式，与报业全媒体对传播形态、渠道拓展和新闻业务模式的创新设想有诸多相通之处。可以说，全媒体在技术层面萌芽于全业态、全渠道的通信技术的突破性构想，然后由技术供应与应用软件开发商将其运用于传媒业改革上。2010年，方正公司进一步调整全媒体融合的解决方案，为报业提出四套全媒体改革应用系统，目前这一系统占全国报业融合应用系统市场份额的80%。

全媒体概念在报业传媒内部正式提出并得到关注，始于2007年。这一年，新闻出版总署开始实施首批“中国数字报业实验室计划”，推动报业建构数字化、网络化、一体化的新型报纸出版形态和经营模式，共有18家全国性与地方性的报业媒体参与此项数字报业实验计划，并以项目的形式开启了数字报业实践的探索。

“中国数字报业实验室计划”的提出与实施是中国报业发展史上的标志性事件，而2008年成为中国报业转型发展的关键节点。这一年，多家媒体在数字报业或新媒体运作上开辟出独特的发展路径。以首批接受新闻出版总署验收的《烟台日报》传媒集团、《宁波日报》报业集团和《解放日报》报业集团为例，尽管它们的路径选择不同，但在整体上已探索出自身的全媒体框架，在采编系统、流程再造以及组织变革等方面突破了传统报业的思维模式与运作路径。其他未建构完整全媒体改革方案的报业媒体，也在实践中探索与新媒体融合的方式，如人民日报社设“新闻协调部”来统筹集团的报网互动与融合生产，并着手酝酿全媒体采编流程改革；《广州日报》报业集团组建滚动新闻部与新媒体事业部，提出自己要做一份“有声有色、24小时不间断的报纸”；南方都市报社稳步推进南都报系全媒体集群构想，“南都，无处不在”的全媒体理念已全面渗透新闻生产过程之中。从报业变革的角度出发，人们把2008年视为中国报业的“全媒体元年”。

“全媒体”从一个新概念被提出，到成为报业传媒改革实践的核心名词，主要体现在以下几个方面。

第一，从单一模式到全介质传播转换的现实迫切性。报业在2005年前后的“报业寒冬论”争辩中，自身局限与发展模式的弊端彰显无遗。此时，媒介融合理念开始引入中国并成为趋势，报业欲求主动应变但苦于无门，在媒介融合进程中缺乏明确的融合方向指引。为改变单一传媒形态与业务模式的局限，“全业态、全覆盖，一次生产，多渠道发布”的全媒体业务理念在经技术供应商引入后，正好契合报业对高层次规模化生产与范围经济生产方式的追求，随即获得报业的积极呼应。报业由此从新旧媒体身份争论的恐慌中逃离，而转向从一到多，再到全媒体形态的传播能力的建设。

第二，报业网站发展为全媒体的战略提供可能。经过五年的报网互动的探索实践，报业新媒体（新闻网站）逐渐成长，甚至成为区域门户和新闻网站，初步搭建起自身的新媒体平台，这改变了报业在传统媒体与新媒体竞争中的角色认识与地位权衡。这样报业网站为报业应对新媒体竞争提供了平台，报网关系的改变也为报业对全媒体的理解与实践提供了可能。

第三，报业对新传媒技术的迟钝，在全媒体改革中可以得到一个加速度。报业作为立足于内容产业的传统新闻业，对新技术天然不敏感，技术成为融合瓶颈。技术供应商与通信运营商对技术的敏感及其提出的报业全媒体技术规划，拓宽了报业对新媒体的理解与表达。不但全媒体在技术上可能实现，而且报业通过第三方合作的形式介入传媒新技术领域（全媒体采编系统、互联网技术、移动终端技术等），可以获得技术变革的一个加速度，同时成为下一步转型储备的因应之术。

（二）三种思维的碰撞与兼容

与媒介融合理论相比，全媒体概念的鲜明特色在于它的实践性。对全媒体内涵的理解，从本原的技术应用层面延伸，目前共产生三种全媒体论说：传播形态论、业务模式论和媒体战略论。

传播形态论是最直观也是最为普遍的一种全媒体认知。在新闻业尚未统一对全媒体的定义的情形下，当前学术界大多倾向于把全媒体理解为一种新的传播形态。比如，新华社课题组在《中国传媒全媒体发展研究报告》中对全媒体的界定："是指综合运用多种媒体表现形式，如文、图、声、光、电，全方位、立体地展示传播内容，同时通过文字、声像、网络、通信等传播手段来传输的一种新的传播形态。"

与此相应，有研究者认为全媒体是各种媒介实现深度融合的结果，是媒介形态大变革中最为崭新的传播形态。"全媒体"就是一个开放的不断兼容并蓄的传播形态，随着4G网络的成熟，5G网络的开发成功，又将有许多意想不到的传播形态加入其中，丰富受众的媒体体验。

出版业界对全媒体的认识也基于形态延伸。全媒体出版实现了将同一个内容同时发布在纸质媒体、互联网、手机、手持阅读器以及电影屏幕等媒体上的形式。在内容跨媒体的基础上，强调多渠道的出版同步性。从时间维度上看全媒体出版强调同步，从空间维度上看它意味着同一内容在不同媒体上的呈现。全媒体出版在时空两个维度得到充分的诠释，并且很快就成为出版界的共识性理念嵌入生产与发布流程，而新闻业对全媒体的理解则差异较大。

与囿于字面的"全"的形态论不同，彭兰教授用"全媒体化"来表达当下的媒介融合实践。她认为，"全媒体化是指一种业务运作的整体模式与策略，即运用所有媒体手段和平台来构建大的报道体系"。彭兰教授对全媒体理解的核心不在于修饰性的"全"，而在于作为动词的"化"——构建一个包含单一报道在内的多落点、多平台报道系统，并使得报纸、广播、电视与网络等媒体都成为这个报道体系的共同组成部分。彭兰教授聚焦于全媒体的新闻报道模式及融合产品体系，这一阐释视角可称为"业务模式论”。

新闻业界的视角则多倾向把全媒体作为一种融合的战略来理解。在业界的讨论中，全媒体作为报业传媒集团层面的整体变革方向而受到关注，即从十年前相对单一的报业集团转型为全媒体集团的一种宏观构想，体现在当下的核心议题是：如何制定全媒体战略？怎样进行全媒体布局并找到有竞争力的发展模式？全媒体对于新闻业而言，在战略上虽是“全”的特色，但核心在于“媒体”在“全”的方向下报业的媒体形态、角色转型与变革，由于全媒体实践思路尚未明朗，因此作为未来媒体的身份焦虑与想象就异常突出。这种理解体现在媒体领袖对全媒体战略的思考与布局中。人民日报社总编辑吴恒权基于当前报网融合从物理变化到化学变化的转变，在集团层面提出了“传统媒体与新兴媒体并举、建设全媒体传播格局的构想”，目标在于通过改革创新，打造现代传播体系。南方都市报社总编辑曹轲在集团新媒体聚合战略之下，搭建起南都的全媒体运营架构，提出了完整的“南都报系全媒体集群”构想。《解放日报》报业集团社长尹明华则提出了一种在现有传媒体制之内以虚拟组合的方式进行全媒体流程再造，进而实现价值追求的全媒体运营思路。

作为国内最早实施全媒体战略的《烟台日报》传媒集团，它的战略思路来自道琼斯的波纹信息传播理论，集团社长、总编辑郑强据此打破人们对报业运作框架的认识：“报社不再是报纸社，而是报道社；报社不再是报纸产业，而是内容产业，报社应从报纸生产商向内容供应商转变。”基于这样的认识，《烟台日报》传媒集团开创出兼具“融合性、系统性与开放性”的全媒体框架。

传播形态论、业务模式论和媒体战略论从不同的价值立场与视角诠释全媒体，在各自的逻辑起点上进行观点争辩，而不是基于共同的逻辑原点，因此在理论阐释上导致了不同的偏向。全面梳理关于全媒体的认知与理解，可以发现全媒体诠释在当前折射出以下三种思维的碰撞：

第一，新闻传播学术界对全媒体的理解在当前呈现为表面化、简单化与质疑式的理论取向。学术界对全媒体一词在概念上的认同度并不高，因此侧重于从报道形态、媒体形态与业务模式等层面来理解。不仅如此，学术界对媒介融合语境中报业传媒求全、求大的业务模式持有质疑态度。有学者认为，所谓全媒体，至少要在以下三个方面齐全：信息的呈现形态，即文字、照片、音频、视频、图表；信息的媒介形态，就是通常所说的载体和终端；信息的经营形态，也就是产品或者说业务的业态。国内一些报业传媒对全媒体的操作与理解明显简单化，当前正“陷入了跟风式、盲目性的全媒体的集体迷思”。在质疑之余，学术界并没有为新闻业如何走出全媒体迷思提供足够的智慧支持，关于全媒体的集中关注，仍然是一种理论图式的表象审视。

第二，传统新闻业界对全媒体持有较高的价值认同，视全媒体为未来战略转型与发展路径的一种必然选择，将其置于融合语境中审视，因此超越了开始阶段作为传播形态的理解，迅即转入一种发展模式的探索上来。传统新闻业界对全媒体的认知与实践基于媒介融合催生的压力机制，带有丰富的实用理性色彩，同时在转型探索上呈现出较明显的急迫性。“由于观念、旧有利益格局等因素的影响，导致当前全媒体战略大多流于形式，成效不大”，郭全中认为“全媒体战略的本质在于发挥规模经济效应和范围经济效应”，要立足于打破当前传统媒体发展的行业化分割和区域化分割等制约因素。

第三，新媒体业界倾向于把全媒体视为传统模式的一种“改良”，认为“全媒体只是新媒体时代的传统媒体”，在结构上与新媒体存在本质上的差异。“新媒体是以互联网为核心，以包容、吸收、削弱、肢解乃至取代传统媒体为己任，以无中心的人与人互动为本质的创新；全媒体是以传统媒体（无论是纸媒、电视或手机）为核心，以新瓶装旧酒，与互联网并存共荣为己任，以中心化的单向广播为本质的守旧。”新媒体业对传统新闻业的全媒体转身存在一种偏见，即仍然把全媒体置于传统媒体的结构与语境中解读，因此未能看见其创造性意义。

实际上，这三种思维及其偏向，正好内含并兼容对全媒体概念进行认同的基础，即全媒体作为一种变革思维有其积极意义。关注全媒体的争辩与碰撞，恰好可以成为深入解密全媒体本质的镜鉴，从中可以洞察全媒体的运作规律与发展走向。无疑，全媒体需要一种概念上的集体认同与理论建构。

第二节　全媒体时代的传播特征

一、媒体包容性

关于媒体，资深媒体人陈俊良在《传播媒体策略》一书中这样定义：媒体即信息载具，凡是能把信息从一个地方传送到另一个地方的即可称为“媒体”，可以将媒体理解为传播信息的媒介，或者宣传的载体或平台。

随着信息技术（IT）的不断发展，手机与平板电脑等新兴媒体终端和载体的出现，新的媒体形态也应运而生，也就是人们常说的“新媒体”。新媒体包括计算机桌面与程序展示、数字杂志、数字报纸、数字广播、数字电视、数字电影、手机短信与App、移动电视、网络（互联网为主）、触摸媒体等媒体形式，是传统四大媒体基础上的“第五媒体”。

在这个第五媒体阵营中，有很多都是传统媒体的数字升级版，如数字电视、网络电台、手机报等。从概念命名上看，所谓的新媒体只是一种相对的概念，因此这种命名有着一定的时间限定性。正因如此，参照不同的界定范围，人们也使用其他几种相关联的媒体概念，如数字媒体、网络媒体、手机媒体等。

值得一提的是，成熟、便利的网络媒体本身也是媒体从业人员的上佳之选。比如，《华盛顿邮报》的员工就依赖Facebook和Twitter等社交媒体快速获取素材、连接各地受众，将内容推向更高的级别。以社交网站为代表的网络媒体是全媒体信息传播变革的集中体现，一改传统媒体的单向信息交流模式而“反客为主”，形成对等的、双向的、多元的传播形式。

手机与平板电脑是目前新兴的媒体形式，集中体现了新媒体在触摸式操作、便携移动以及与工作、生活无缝连接的强劲特征，尤其是智能手机，已经成为信息社会快速普及的必备工具与媒体形式。

中国人民大学新闻学院教授匡文波认为，手机已经成为“新媒体中的新媒体，成为网络媒体的延伸和组成要素”，“正在从人际传播媒体向大众传播媒体发展”。应该说，手机作为一种新媒体形式，正在经历着从“特殊性”到“普遍性”的转换，即从移动通信网的特殊功能集合（电话、短信、彩信、手机报等）向普适性的计算机与网络媒体终端（App程序安装、网页浏览等）发展。

在这种发展过程中，前者部分功能正在逐步被后者取代，如微信App对手机通话和短信部分功能的取代、新闻门户App对手机报等新闻性媒体传播的取代等。手机网络媒体属性的强化，加之其本来所具备的便携性，使得手机媒体在突发事件中获取新闻素材、快速编辑短片等方面都有着不可取代的作用。

从媒介形态的角度将传统媒体和各种新型的新媒体形式结合起来，就构成了全媒体概念中“全”字所指的基本结构。全媒体之“全”，即针对时下传统媒体与新媒体的包容，囊括了报纸、广播、电视等传统媒介以及互联网、移动电视、个人计算机等新媒体媒介，将文字、影像和交互内容作为最终的输出物传递给用户。各种媒体形式之间也有着互相交织的关系。比如，在电视媒体和数字媒体范畴内，全媒体变革致力于将模拟信号替代为数字信号，电视业态就会有着相应的转变。

二、发展延续性

虽然中国的传媒与教育行业使用全媒体一词来表征这种媒介形式，但从根本上讲，这个词的提出并没有对应新内容的产生。也就是说，在多媒体电脑出现的那一刻，所谓的全媒体表述就得以成立，有区别的只是媒体数量的不同。如果试着考察国外全媒体发展的概况，就可以清楚地看到这一点。

作为概念，国外媒介并没有特别的词语能和全媒体一词对应。曾有人建议使用omnimedia一词来称呼全媒体，但这也只是美国一家名为玛莎·斯图尔特生活全媒体公司名称中的一种特殊引用，并没有得到传媒和学界广泛的认可。此外，还有一种概念与全媒体接近，即国外传媒界所倡导的“跨媒体”概念。

英国博尔顿大学负责全媒体教学的D.J.克拉克教授认为，全媒体概念贴合的英文名称仍然是multimedia，即多媒体。也就是说，西方的全媒体概念仍然承袭多媒体这样一个叫法，其变动只在于媒体类别的增加与调整，整个语境并没有出现巨变或转折，没有针对全媒体的专有称谓也就可以理解了。

可以说，从媒体时代性和媒介类型的角度考量全媒体一词，完全可以与多媒体概念对等起来，因为“多”与“全”二者之间很难进行区分与界定。明确了这一点，抛开那些必然会不断出现的一些新型媒体和新型内容表现形式，全媒体所关照的重点并不在于革新，而是包容、整合。

强调全媒体的媒体延续性有利于更好地处理以全媒体理念为指导的行业变革和教学改革。全媒体不是突然降临的新事物，更不是一剂包治百病的灵丹妙药。实际上，经过了多年的实践和发展，美国新闻行业的全媒体实践也面临着很多问题。比如，过于追求传媒形式的多样性，就减弱了新闻报道的思想内涵和深度。

2020年9月，《美国新闻学评论》对调查性报道进行了统计：1985—2020年，普利策新闻奖的调查报道奖入选作品量下跌了21%。人才的全能化和专业化之争也从未停息，很多问题还没有明确的答案。

全媒体理念与多媒体概念一脉相承，甚至可以互为称谓，本不是一件神秘的事情。明确了这一点，我们可以更为理性地看待传统媒体所具备的经典理论和思维方法，不能简单割裂。传统媒体依然是新媒体的基础，传统媒体之路依然畅通，只是需要开拓更多的通道与层面，以满足人们在新媒体生活中获取资讯的新要求。

吴信训教授认为，新媒介不是要淘汰以往的媒介，而是要开拓新的需要。对于教学改革而言，全媒体专业更不能忽略包含传统媒体内容在内的专业基础课的学习。没有专业基础课的打磨，全媒体不过是无源之水、无本之木，并无价值可言。

三、网络传播性

互联网的发展是推动全媒体理念不断成熟、不断变革的主要动力。网络媒体既是全媒体结构中的一环，也是全媒体区别于传统媒体的重要特征。网络互联催生了两种变化，即信息共享与个性强化。前者立足于信息爆炸时代海量信息的生成、存储、转化和分享；后者则是在信息的生成与分享过程中，使用互联网的人所经历的角色转换。

应该说，互联网是强调个性的时代。以目前流行的网站形式为例，博客、微博、微信等形式无不以彰显个性为主要参考点。这种个性涵盖了个人驱动的信息生成、转发、评论、选择，同时依然保留了普通意义上的个人魅力张扬的成分。可以说，网络媒体的个性化特征使得受众更加重视自我意识的培养，敢于声明个性的需要，敢于发出个人的声音。

Facebook首席运营官雪莉·桑德伯格认为，未来所有的媒体都将实现个性化。中国人民大学新闻学院喻国明教授也提到，新媒体对于人类社会发展最大的贡献就是解放了人的表达，解放了人的嘴巴。

《中国网友报》总编申江婴谈到互联网与传播的关系时说：以互联网为核心和纽带，不同媒体形成了强大的共振效应，热点话题在多种媒体之间经历了“引爆—扩散—讨论—引申—再讨论再扩散”的多轮共振循环，逐渐演变为多角度、多观点的社会性话题，没有任何一个公众话题是脱离全媒体的联动共振而独立存在的。

总之，全媒体的网络传播属性有着鲜明的全民参与、个性强化的标签。新闻受众角色的转化势必会影响新闻产品生产模式。

四、主体多元性

全媒体新闻的出现和逐渐普及，打破了传统的传授关系和传者价值中心论，使得新闻传播过程突破了“双向传播”模式，并向“多极传播”发展。

全媒体新闻的传者不再局限于专业的新闻工作者，而是扩展到利用网络发布信息的每个人。新闻的即时性和时效性要求使得传者身份多元化趋势成为必然。举例来说，社会中发生突发事件的时候，距离最近的居民会最先做出反应，将事件的最新发展情况拍摄下来上传到网络分享。

“沉默的螺旋”理论认为，传统媒体传达着一种代表整个社会价值观的新闻，其读者群体在大众媒体面前无法选择，在“公众舆论”的压力下只能选择趋同。但是，在全媒体新闻传播中，新闻发布的主体多元化、价值观的统一性得到消解，具有不同意见的传授者可以自由选择，聚合成具有统一意见的群体，整个社会的压力在群体合力的抵抗下被减弱。在这种环境下，单个网民会自发寻找到自己所从属的“意见环境”，由全媒体而聚合在一起的各个群体内的观念代表着这些群体的价值取向。因此，小群体之内的“趋同”行为更为重要，整个社会环境的压力使小群体更加坚持自己的标识和思想。摆脱了社会压力，人们更倾向于向不同的方向发展，促进了社会价值观的逐步多元化。

五、受众导向性

受众指传播活动的对象或受传者。在大众传播过程中的受众即受传者或阅听者，具体可以包括报刊书籍的读者、广播的听众和电视电影的观众等。由于全媒体改变了传统媒体的传播模式，受众不再单纯是信息的接收者，也不再是传播行为的终结者，传统的受众观念也必然发生改变。全媒体的受众主体定位、全媒体与受众的关系、受众细分对全媒体的影响等都是全媒体在技术不断发展过程中所面临的新问题。也可以这样说，全媒体的发展面临的是技术问题，但是如何在竞争激烈的媒体市场上找准定位、争取受众，更是其需要考虑的重要问题。

从1996年到现在，网络全媒体受众的主体逐渐由精英扩展到了平民，接受服务时也更加主动，受众越来越愿意分享、评论，而接受服务的需求从最初新闻信息占主导演变成对娱乐与商业的依赖。尽管有这样一些改变，就总体而言，其特征仍可归纳为以下几点。

（一）分众化

由于全媒体受众对信息的自主选择权越来越大，能够按照自己的意愿各自选择相关的信息，受众有日益分化的趋势。所谓的受众不再是规模宏大的大众，而是分众和小众。实际上，全媒体产业上的每一链条、每一环节都聚集了不同的受众群，而聚集在不同环节的大量的受众是基于不同的兴趣爱好，聚集在同一环节的数量庞大的受众则是因为有着相同的兴趣爱好。

（二）个性化

自我表达是人类的天性，由于个人的社会属性的差异，其在表达时也不可避免地表现出各自的相对独立性。在传统大众媒体时期，受众没有条件利用媒体进行个性化表达，成为“沉默的大多数”。但在全媒体时期，受众具备了发布传播信息的主动权，成为参与全媒体传播的重要一环。他们更喜欢表达自我，能够对信息传播的过程和结果进行干预，这也是现代化传媒赋予信息时代受众的一项独特的权利。传播空间的扩大、传播主体的演变使全媒体受众在信息传播与接收中经常表现出风格迥异的独立态度、观点与认知。

（三）匿名性

网络身份匿名化是互联网初创时期形成的一种习惯做法。互联网初创时期，人们面对全新的网络虚拟空间首要追求的是信息的自由流通、意见的自由表达。网络用户一般都不使用真实身份，甚至能够使用多个“化身”，同时注册多个账号以满足不同的需求。这为人们摆脱现实身份的约束，呈现自我的另一面提供了帮助，也使得网络空间信息的自由流通客观上受到保障。

不过，随着信息技术的不断发展，网络虚拟世界和现实世界之间的联系越来越紧密，匿名性导致的个人责任缺失、网络暴力频发等引起社会关注。国家现已推进网络实名制，目的是加强网络全媒体的规范性，但这一工作需要长期推进才能见到实效。

（四）分散性

虽然全媒体受众像传统媒体受众一样，遍布社会各阶层，但全媒体受众没有表现出足够的聚合性，也没有表现出传统媒体时期那样明显的阶层性。这主要是由于网络全媒体在内容传播方面的高度个性化，有效地分散了广泛的受众。自媒体的兴起使很多受众埋头在朋友圈，忙碌于“自我世界”，同时，网络全媒体为个人自由表达意见提供了更多余地，使得网络受众有更多的自我空间。

六、信息快捷性

传统报道的弹性不高，突发事件发生后不能立刻通过报纸、电视进行发布。由于一天只能印出一份的报纸，信息必须在精加工后形成较具规模的报道才能上报。这样一来，新闻时效性在信息传播阶段受到了较大的拖滞。融合报道的诞生和发展则改变了这一局面，大大提高了信息传播的时效性。

（一）便携式终端缩短了信息的传播时间

以手机为代表的便携终端在信息生产商和受众之间搭建起了一座“无形的桥”。手机的受众覆盖面日益扩大，手机也成为信息能到达的最远终端，通过手机上网观看新闻越来越普遍。在这个意义上，手机就好比微型版的电脑一样供受众阅览。手机渐渐开始取代电脑实现了定制功能，现在手机就像一个综合信息的集合器，信息传递的时间极大缩短，新闻传播的时效性得以有效提高。

（二）受众的自主意识和能动行为凸显

在新形势下，受众的自主意识和能动行为越来越凸显，他们不再是被动的接受者，现在的普通受众在获取信息的同时会发散出新的信息。在接收信息的同时，作为受众的他们充当了信息“源头”，大众传播中专业媒介通过一定手段向一群人传播信息的模式得以改变。当然，受众个人也可以充当信息的发出者，甚至可以反过来影响媒介组织、影响社会。

第三节　全媒体时代应急科普传播的新形势

一、应急科普传播在全媒体时代面临的机遇

媒体的发展，从信息传播史上看，大致经历了三个阶段，即随着工业时代的到来，媒体从精英媒体走向大众媒体阶段，而随着以互联网的发展以及传播技术的升级为特点的信息时代来临，大众媒体发展到融合媒体阶段。在融合媒介阶段，新技术的应用改变了人们的生活和行为习惯，人们可以利用不同的媒介平台更好地参与到广泛的信息传播中，传播媒体平台也日益丰富。

全媒体时代，不仅信息的生产和传播方式发生了重大变革，文化传播呈现出新的特征，媒介环境正在发生着剧烈而深刻的变革，而且人类社会的心理预期和信息接收习惯也在逐步演变和调整。全媒体时代带来了一个应急科普传播的新机会。在全媒体时代，应急科普传播能够通过进一步优化应急科普传播机制，如改进传播模式、创新内容等路径，精准把握信息传播新特点，使应急科普传播工作效能优化。

（一）依托全媒体传播，应急科普的影响空间得以拓展

在全媒体时代，丰富多元化的媒介为大众的信息沟通提供了更加方便的渠道与平台，为跨地域、跨国家的全域化传播的实现提供了可能性。伴随着经济全球化的发展和科学技术的发展，应急科普传播的空间覆盖面也得到极大的扩展。对应急科普传播来说，传统媒体时代的应急科普传播方式是依靠政府各级组织、科学研究机构、官方主流媒体等在特定的圈层范围内的组织传播，具有地域性、相对封闭性等特征。虽然党和政府对应急科普工作的重视程度不断提高，但应急科普的理论性、专业性与公众的信

息需求与媒介偏好仍存在鸿沟，极大限制了应急科普的传播效果。

不同于传统媒体相对封闭的线性传播模式，信息技术的升级消除了原来信息沟通空间上的障碍，全媒体传播的开放性特征使得信息共享变得更加便捷。重大突发性事件信息在全世界快速地扩展已经成为现实，应急科普理论和有关资料能够在全球范围内分享，依靠便捷、迅捷的媒体，可以将专业团队分析解读、经媒体工作者的信息加工出的图文并茂、生动有吸引力的科普内容突破地区乃至国家限制进行广泛传播，信息传播空间边界进一步突破。

1. 应急科普资源共享更为便捷

第一，全媒体是以各类媒体为依托进行信息流通的媒介资源平台，再加上拥有庞大存储功能的以互联网和移动互联网为代表的新兴媒体，叠加了可供受众自由选择和使用的海量信息的传统媒体的信息储备。在全媒体时代，人们就像置身于信息的汪洋大海，可以实现在全世界范围内交流分享信息，可供选择的海量资讯将人们带入一个资讯爆炸的年代。全媒体平台储备着涵盖所有领域的丰富信息，世界范围内的应急科普知识和传播形式、应急科普工作经验都可以依托全媒体传播。另外，搜索引擎、搜索网站的蓬勃发展，便于筛选、提取相关资料。大数据技术的兴起，也为应急科普大数据信息的获取提供了可能。全媒体传播技术的便捷性，让人们足不出户，通过手机或PC端便可尽知天下事。

第二，全媒体传播使信息获取的便捷性得到强化。便捷性是指信息的传输速度快，公众获得信息便利与迅速。在全媒体时代，新技术的便捷性主要体现在信息生产速度快、信息发布速度快、信息流动速度快、信息查找速度快、信息反馈速度快。在全媒体时代，运用已有的现代网络传输技术平台，一方面节省费用，另一方面比传统媒介的传输速率要快得多。无需纸张，无需印刷，无需投放，无需提供广播电视等传统媒体运作需要的跨国设备，通过多样化新型媒体平台即可实现信息的交流和传递。除此之外，全媒体传播尤其是互联网、移动互联网这样的新兴媒体，在版面设置上更为灵活，没有固定的周期和板块更改的限制。信息容量也不像传统纸媒那样受制于物理空间，无论是信息更新还是信息增删，在技术操作上都是非常便捷的，因而全媒体传播给人一种新的面貌。此外，承载海量信息的各类媒体特别是新媒体平台，既可以输出信息，又可以通过终端由用户输入信息到平台，每个人都能成为信息发布的信息源。当大家都依托相应的平台来发布信息的时候，在传播环境中汇集的就不仅仅是信息，更是现代社会人的思考、观点、意见。近年来，我们可以看到越来越多的民间组织、公益组织、科普达人加入应急科普传播，生产出民众喜闻乐见的科普作品，尽管现阶段新媒体传播信息质量良莠不齐，但不可否认全媒体传播的丰富性和开放性为受众提供优质内容，优化了内容生产机制。

综上所述，全媒体传播集合了传统媒体与新兴媒体的优势，让信息的传播更为便捷，也更加具有实效性。

2. 全媒体多元化的传播功能为应急科普传播带来多样性选择

全媒体传播从知识提供、信息获得、社交、技术服务等方面满足了用户的利益需求与心理预期，将传统媒体与新媒体优势相结合，具有信息传播系统庞大、几乎不受容量限制、满足传播用户多元需求等优势和长处。提升应急科普传播效果的最佳的动力是满足受众的需求，从而能够进一步扩展应急科普传播的影响空间。全媒体的“全”既指不同的媒介平台类型，也包含了媒介功能的多样性和传播方式的多样性。大数据服务能实现从提供先进的科学研究理论文献、统计数据到日常生产生活中的信息、舆情等数据，全媒体传播可谓集网页浏览、远程控制、MOOC学习等各种信息传播于一身，无论是文件传输、资料储存、网络聊天，还是社交、技术服务，全媒体传播可以利用生动多样的方式，为用户提供多样态应急科普信息服务，如文字、图片、动画、音频、视频嵌入、VR、H5等，实现内容丰富统一、形式多样。因此，当前的时代背景下，利用全媒体传播系统获得应急科普学习资源已成为可能，其媒介选择、传播和表达也更为多元化。通过整合全媒体的资源满足人们的应急科普需要，能够增强应急科普传播的影响力。

（二）全媒体传播有助于突发事件应急科普传播工作效率的提升

1. 应急科普实现即时传播

传统媒体受制于信息控制和技术应用，不可能在瞬间向全世界传播如此之多的信息，而以互联网和移动互联网为代表的新兴媒体可以实现。所以从某种意义上讲，新技术的应用使具有不同特性的信息资源在同一时刻实现了国内乃至全球应急科普信息资源的动态互动，即时传递的特色得到充分体现。新媒体在与传统媒体深度融合的基础上，强化了“全球化即时传播”的优势，这为应急科普传播效能优化提供了技术上的支持。

在技术层面上，全媒体的传播是真正意义上的跨时空的全球性传播。因此，理论上，利用网络等媒体平台可以在世界任何角落进行信息发布，可以与世界上任何一个国家、任何一个地区的任何一个人实现信息沟通。人们通过互联网、移动网络接受信息，使得信息的传播具有即时性和同步性，提高了传播效率；在传播内容方面，应急科普传播可以凭借专业的内容制作团队，克服良莠不齐的自媒体用户内容生产、传播劣势。

2. 应急科普传播的传统审核流程简化

传统媒介时代的“把关人”的影响力在全媒体时代已大幅削弱，原有的传输模式中冗长、缓慢的信息审核程序已不能满足信息传播需求。全媒体传播的审核流程主要是通过技术审核、舆论监督等手段来实现，从而极大提高媒介的传输效率。用户可以利用互联网、移动互联网，自由、简单、快速地传递某个信息，用户不再仅仅是受众，也会以信息原创者、第一传播者的姿态出现，用户也越来越倾向于在网络空间里自由地传递信息。社交媒体提供了更多的工具和平台让用户可以对彼此的观点、经验和看法进行分享，因而发展迅速，具有巨大的影响力，各国政府也倾向于对网络传播加以引导和规范，而非强制性管控，从而对新兴媒体发展起到推波助澜的作用。在互联网、移动互联网这样的新兴媒体上，信息传播的自由和快捷是全媒体传播一大优势。由此看来，传统媒体的“把关人”虽然在全媒体传播中的地位依然举足轻重——可以通过大数据和算法进行“隐秘”的议程设置和指导，但毕竟和之前传统媒体繁杂的审核流程存在着天壤之别，应急科普信息的传播效率可以极大地增加。

3. 全媒体传播促进应急科普传播资源有效配置

第一，整合新媒体资源和传统媒体资源。在全媒体时代，新兴媒介具有传统媒介很难企及的优势，但是也无法忽略传统媒介的既有优点。因此，两者要融合发展，将双方的优势形成合力，把全媒体传播系统建立起来。需要重视的是，当前很多新媒体平台的内容缺乏原创性，而传统主流媒体的报道则是他们最重要的信息源和学习参照。部分新媒体平台上的资讯就是简单地将报刊、电视、新闻机构的资讯一一搬到了互联网上，或者仅仅是整合、整理传统媒体的报道后发布。应急科普传播也常面临这种情况，公众经常在林林总总的新媒体账号上接收与生产生活相关的应急科普知识，这些内容的核心部分大多是对传统媒体发布的科普内容进行加工整理，但新媒体账号更能把握各自垂直细分领域内的用户信息偏好，在内容选择和形式上注重图文并茂，以动画、漫画、短视频等创作丰富了应急科普形式，添加了可视化、互动等效果吸引大众阅读，优化传播效果。全媒体传播的优势就在于能够将传统媒体和新媒体双方的资源整合在一起，发挥传统媒体内容优势和新兴媒体技术优势。媒体融合是媒体发展的必然趋势，当前的应急科普传播也必须在传播范围和影响空间上进一步扩大，这需要整合传统媒体和新兴媒体的双方资源。

第二，将各个媒体平台的信息资源实现整合。在全媒体时代，整合各个媒体平台的资源能够使资源的利用率得到有效提升。信息资源的共享应将传统媒介中的各个平台的多种资源以及新媒体各平台的多种资源整合起来。报纸、杂志、书籍的信息传播优势各不相同，传统媒介的各个传播主体也必须协同合作，以实现资源的共享，同时，各种新媒体平台的传播模式和技术形式，如新闻网站、App、微博、微信、VR等，也能做到资源共享，互惠互利，从而保证资源利用的最大化。全球媒介的传播，不仅可以分享信息资源，还可以分享技术资源。利用技术共享、扩大信息发布渠道，可以使用户多渠道、多角度、多层次了解信息，网络自身所具有的一些技术功能也可以帮助人们轻松复制、转载一些重要的信息。

第三，整合传播主体和传播受众的资讯资源。全媒体传播中，传者和受者之间的界限日渐模糊，信息共享让传、受双方可以在动态、多元化的传播中共享成果。无论是个人还是组织一旦进入全媒体传播空间，就可以凭借庞大的信息传播系统构建多向的信息沟通渠道。例如在当前的应急科普传播中，一些自媒体科普账号会向用户征集选题，与网民一起探讨、分享，青年人聚集的“哔哩哔哩”上有不少UP主（上传者）的科普内容被主流媒体广泛分享。当前，政府相关部门、专业科普机构、主流媒体、科普达人、公众等参与全媒体传播，促进了应急科普传播的快速发展，并将全媒体传播的时代特点和独特内涵体现得淋漓尽致。人们之间的沟通不受地域、场所的限制，以信息资源分享为依托，实现应急科普大众化传播。

二、应急科普传播在全媒体时代面临的挑战

在当前全媒体传播的大环境下，公众在信息传递过程中的话语权不断得到提升，而主导信息传递的不再只有传播主体这一种决定性力量，用户已成为主要的信息传递因素，它可以与传播主体进行交互沟通，也可以转换成传播者参与到信息传播的过程中，因而我们必须重视用户的利益诉求、心理预期和兴趣倾向。但是当前的应急科普传播存在忽视传播受众的利益诉求、传播主体的媒体素质急需提升等问题，仍然保留了传统的单向

沟通方式。这就要求传播主体转变自身观念，在应急科普传播中注重受众的情感诉求和对受众的价值引导，提升媒体素质，并以此为切入点优化应急科普传播形式。

第一，传播主体必须重视媒体素养的提升。在媒介发展日新月异的今天，形态多样的媒介能够将我们的感官以不同的方式延展开来，所以它们都能够在一定程度上拥有受众。人类的感觉系统对世界的体验是一种感性认识，要确保媒体在不同层次都能起到正向的作用从而将感性认识上升成为理性认识，最佳的方法是提升人们的媒介运用能力，也就是媒介素养。所谓的媒体素养是指媒体人获得信息的能力、分析信息的能力、度量信息的能力、传播信息的能力。媒体素养具有明显的时代性，在不同技术环境下媒体素养存在很大的差异：在传统媒介时代，媒体素养受到了印刷品的限制，人们只要了解字母就可以阅读，就能被视为具有对应的媒介素养。由于技术的发展，媒体的范围不断扩大，印刷品、电影、摄影、广播、电视等都是人们常接触的媒体，因而媒体素质的定义急需扩大，大众必须可以在海量的信息中去伪存真、去粗取精。传播学者根据当时的媒介环境提出了媒介素养的“五要素”：（1）是否认识到媒体的角色及对个体和社会的影响；（2）对大众传播的整体过程是否理解；（3）是否具有分析和讨论媒介信息的策略；（4）是否意识到媒介内容是为当今文化及我们自身提供认知的“文本”；（5）是否认识到应当对享受、理解和欣赏媒体内容给予更深层次的培养。

媒体对社会生产和生活的方方面面的影响，随着人类社会进入全媒体时代而更加深刻。公众既享受到媒介环境升级发展的方便，也不可避免会承受各种负面影响。具体到应急科普传播，需要面临的问题有三个：一是当前以政府相关部门、专业机构为主的应急科普传播主体具有很高的理论素质，但是对于新兴媒介的应用能力和对传播环境变化的应对能力不足，使应急科普效果受一定的影响；二是新兴媒介的从业人员受到应急科普知识积累和理论水平的限制，很难深入浅出地制作应急科普传播的内容；三是媒介素养的提高和科学素养的提高应该是同步的。

第二，在全媒体时代，受众分化趋势明显，应急科普传播要面对受众注意力分散问题。从某种意义上来说，信息交换是传播的实质，信息交换能否顺利地进行，传播目标是否可以实现，就要考虑到受众群体的特点这一重要因素。在传统媒体不发达或较为单一的情况下，大部分人在信息交流中处于被动的地位，信息获取来源和途径受限。随着社会的发展，人们对资讯的选择余地日益增加，公众不再像以往那样作为简单的信息承受者，而是越来越成为具有自主意识、自我判断能力的权利主体，越来越重视自身的特殊信息需求。根据社会需要理论，主观和客观条件的改变都可能使人类的需求发生改变。在信息传递中，受众的自我判断与需求在不同的时空场域中会有所变化，因而即使是面对同一信息也可能会出现不同的选择。在新媒体时代，技术的进步、观念的更新及其他外部因素的冲击使社会成员的观念、习惯和生活方式呈现出多元化。这种多元化的生活状况必然会导致受众的媒介和信息选择有多种可能性，需求大致相同、理念大致类似的受众群体就能构成一个相对稳定的受众群体，也就形成了受众分化现象。在信息传播中，受众分化既包含受众个体分离的过程，也包含同质个体的聚集的过程，这两者实质上是一体两面的关系。

公众的阅读心理与阅读习惯是影响传播效果的重要因素，也是提升传播效果的着力点。传统媒介更具有丰富的发展经验，可以根据传播目的采用适当的战略吸引观众。在全媒体时代，人们能够获得信息的方法和途径出现了天翻地覆的变化。相对新颖、更容易刺激受众感官的动态媒体，如动画、音视频等，在传统静态的文字、图片形式以外，逐渐扮演着越来越重要的角色。同时，广播、电视、报纸、杂志、图书、手机等越来越多的信息传递渠道和终端给人的可选择范围也越来越广。上述变化在使信息筛选难度加大的同时，也扩大了媒体用户的覆盖范围，提高了信息的传播速度，同时也加剧了公众注意力被分散的现状。在全媒体时代，应急科普宣传需要解决的重要问题之一，就是如何吸引受众的注意力、如何吸引流量。

第三，传播受众碎片化、浅表化的思维模式影响应急科普传播的效果。发达的媒体环境为广大公众提供了更广阔的时空视野，但也因为碎片化的信息传播使舆论场呈现出情感化、浅表化等特征。从某种意义上说，碎片化是社会多元化发展的伴生物，这体现在两个层面：一是事实性信息在传播过程中呈现出信息来源的去中心化、信息文本的不完整、信息元素的零散性、观察角度的多样化；二是意见性信息在传播过程中呈现出的分散性、异质性、多样性以及分裂性。随着新型媒介特别是自媒体的发展，这种传播方式、话语表达、思维方式的“碎片化”倾向越演越烈，可以说“碎片化”模式在全媒体时代已经不可逆转，因此，各种与传播效果有关的因素，例如，阅读方式、叙事语言等均产生变化。这种“碎片化”的信息在一定程度上脱离了事物的原有面目，具有鲜明的分散性和跳跃性，在某种程度上使人们对事实与价值的传统认知产生颠覆性改变，造成了一些公众认知的片面性。也就是说，信息的发布者或者信息的接收者通常仅仅是按照自己的喜好来了解事物或者仅仅是把握事物的局部就进行先入为主的思考，没有足够的动机来全面地掌握事件，这就造成了大众认知世界方式的现实——“碎片化”造成人们的思维方式、认知方式、行为方式等发生根本性改变。

“碎片化”对思想文化内容传播带来的负面影响很大，美国学者詹姆斯·默盖尔的阅读层次理论指出：知识性阅读、理解性阅读和探索性阅读是阅读行为的三种类型，代表着不同深度的阅读。其中知识性阅读的基本目标是知识习得，阅读者只要认真记忆即可；理解性阅读的目的是在记忆基础上建立起各知识点之间的内在逻辑关系，要将各类知识串在一起，化繁为简，需要具备一定的整体性思维；探索性阅读的目的则更进一步，要求阅读者能够在理解把握原有知识的基础上提出新的观点和新的看法，能够发现新的问题并找到解决新问题的方法，举一反三促进知识体系的不断更新。在这一阅读层次理论中，知识性、理解性、探索性三个阅读层次梯次演进，前一阶段为后一阶段奠定基础，后一阶段是前一阶段的自然延伸，从而带来阅读者能力层级的不断提升。在传统媒体时代，经过阅读过程的这种逐级演化，人们会形成关于客观世界的相对准确的认识。但是在全媒体时代，公众获取信息的方式发生了根本性改变，在海量信息冲击和信息传播方式的“碎片化”趋势下，相当一部分社会成员没有足够的时间与精力来认真细致地阅读各种信息，在某种程度上被动成了各媒介平台的“收藏党”与“标题党”。这种阅读方式更多的属于“浏览性”阅读，仅仅是满足了阅读者对标题的好奇，在使阅读者获得有效知识方面的效力不够，对读者获取有效信息也并无实际意义。应急科普知识本身具有严肃性、专业性的特点，基于此，在全媒体时代，应急科普传播更要创新传播机制，适应变化，提升传播效果。

第四节　全媒体时代应急科普传播机制的优化

传播机制是指在信息传播的进程中，传播主体与受众依托于信息的传递、沟通、共享信息和交流反馈的交互作用和行为过程。传播机制的组成要素至少应该包括传播主体、传播受众、传播环境、传播媒介、传播内容以及依托传播媒体实现的传播主体与受众之间的互动沟通和信息反馈等内容。对于应急科普传播而言，受众是最终的落脚点，是应急科普传播机制有效运行的最核心要素，传播受众需求的变化改变着应急科普传播机制的运行状况，加之全媒体时代应急科普传播机制的构成要素及其相互之间的关系也发生了或多或少的变化，应急科普传播机制就必须做出相应的优化调整。

一、构建应急科普传播主体协同机制

传播主体是应急科普传播的主导因素，是媒介与受众之间的能动因素。当前应急科普传播的主体以政府相关部门、科研院所及学术机构、主流媒体等构成，近年来随着对应急科普工作的重视，各传播主体进行了有效的探索和改进，发挥各自优势。以公共卫生事件中的科学辟谣状况为例，湖南主流媒体结成“辟谣侠盟”，及时编发辟谣信息；江苏常州公益组织“辟谣联盟”有近600人参与辟谣工作，发挥了不小的作用。但由于缺乏有效的顶层设计，各传播主体往往各自为战，辟谣信息资源呈现碎片化和分散性的特点，辟谣难以形成合力。受不同阶层、地区受众媒介使用方式和科学素养差异的影响，直击受众恐慌和健康痛点的谣言仍在社交平台上高强度传播，导致一部分缺乏主动了解辟谣信息意识的受众出现从众行为。此外，由于各类传播资源利用效率低，同质内容大量产出、特定急需内容缺乏等现象难以避免，这些都影响传播效果。全媒体时代对应急科普传播主体的功能提出了新的需求，应根据时代发展与技术进步的要求，提高传播主体的思维格局，依托国家顶层设计，加强各层级传播主体的协同配合，发挥其优势合力。

美国著名行政学家彼得斯提出四种政府治理模式，他在阐述参与模式时指出：“无论公共部门或者私人部门，都无法全部掌握所有信息，也无法具备全部知识和技能去解决综合、多样化的负责问题。”要推动应急管理现代化，应急科普工作不能只依赖政府。在应急科普工作中必须采取措施鼓励多方参与形成合力，形成协作联动的传播主体。国务院对应急管理工作的意见中就已经指出，要重视发挥非政府组织、企事业单位的作用。当前工作中，社会责任意识缺失导致多主体参与的可行性降低，因而在突发事件的科普宣传中应形成有效机制促进多方主体参与：一是建立相互信任机制。信任是多方主体参与共同合作的基础和前提。政府要改变旧有思想观念，在适当的时候分权、授权，充分认知其他主体的地位和功能，预留出多元主体参与的空间，给予一定的制度保障，这样才能提高其他主体参与的积极性。当然，多方主体形成良性信任循环的重要前提是其他主体要勇于担当，明确社会责任，充分发挥自身作用。二是建立健全责任机制。从我国的具体情况来看，基于信息处理、资源配置、公共权力等天然优势，应急科普宣教工作必须由政府主导，政府是引导主体，要通过协同联动、政策激励等手段，鼓励吸引更多社会组织和公民参与到应急科普中，竞相发挥自身特长，通过统筹规划和有效培训，让参与者从“自发无序”走向“协调规制”，推动应急科普整体发展。

在这些方面，北京市疾病预防控制中心在突发公共卫生事件中的做法很有借鉴意义。作为政府公共卫生服务专业机构，北京市疾病预防控制中心充分发挥政府卫生部门在应急科普传播中的传播主导作用，担任起权威信源和传播主体的双重角色，第一时间组建宣传专班，集合四个部门的技术力量创作各类科普作品。及时联动北京市广电局共同成立宣传指挥组，以北京市疾病预防控制中心作为信息发布主体，与北京广播电视台、16区融媒体中心、歌华传媒集团和北京市广电局网络视听节目管理处协同合作，迅速打通指挥通道，形成“一组”“四群”的媒体指挥体系和全媒体传播矩阵，通过近30家在京主流媒体机构广泛传播，同时建立24小时“发布—反馈”制度，多维度搭建政府卫生机构和媒体共同参与的应急科普传播机制。这些举措在普及知识、宣传引导、科学防控中发挥了重要作用。

在全媒体时代，各传播主体要形成传播合力，从而促进传播主体发挥整体效能。目前传播主体各自为战，妨碍了全媒体传播模式优势的发挥，我们应该引导传播主体的沟通与互动，通过加强各个传播主体的协同、发挥不同层次传播主体的优势，不断强化同类型的组织机构、上下组织机构或相关领域的组织机构之间的协同互动，促进传播合力的集聚。

二、优化应急科普内容创新机制

全媒体传播为应急科普传播提供了新的动力和活力，在当今信息技术高速发展的时代，不管传播媒介形态如何升级变化，应急科普传播最核心、最基础的要素永远是内容。目前应急科普传播内容存在的主要问题是对人民群众的关注不够、把握不准，使得传播重点、内容制作、内容解读、文字表达等无法满足人民群众的心理期望。解决这些问题就需要应急科普传播主体对传播内容的进一步调整和更新，提高内容制作的针对性和鲜活度，满足群众的差异化需要。

在突发公共卫生事件期间，应急科普传播主体应注重传播内容多媒体声画并行，增加可视性科普表现形式，健康科普知识克服叙述语言的深奥与冗长，在保持专业性与科学性的基础上，达到良好的健康科普效果。例如，北京疾控中心在宣传物制作上增加了对图文、海报、短视频等多类可视化作品的创作，并且在表现手法上运用动画、情景剧、书信、直播等多样化形式，借助多媒体数字平台多样化的表现手法和技术应用，2020年2月1日至28日，北京市疾控中心集中创作并发布短视频作品137部，图文作品322条，海报42幅，通过北京广播电视台、网络视听App、公交地铁移动电视、户外大屏、楼宇电视等多媒体数字平台滚动播出，总点击率8.17亿次，累计户外曝光近亿次，播放总时长4.1万分钟，得到较好的媒体传播效果。

应急科普传播应实现民众想了解哪些就学哪些，有针对性地传递知识、技能。公众是科普宣传的接收主体，面向公众的应急科普就应多选取消防安全、自救互救知识等普及性内容以多样化形式传播。在发生突发事件时，公众有迫切的信息需求，且这种需求随着事件发展到不同阶段而变化，应急科普更要体现针对性原则，根据事件不同阶段发布有针对性的传播内容。而面向特殊行业、特殊工种从业人员的应急科普，应主要为提高工作人员应急技能的专业性内容，围绕行业的特点展开。应急科普传播内容严肃性强、专业性强，如用传统表现形式不易引起观众兴趣，当前应急科普内容也大都是以搬理论为主，甚至有些内容已经是老生常谈，平淡乏味缺乏吸引力，无法吸引大众的眼球，这是目前应急科普传播效果不高的主要原因。

在全媒体时代，全媒体发展的核心是把高品质、有深度、有权威、专业性强、多元化的内容提供给广大观众。为了提高科普作品的数量与质量，我们必须提高科普内容生产者的社会参与度，加强科普内容的创作与开发。以突发公共卫生事件的科普宣传为例，以《人民日报》《光明日报》《中国日报》等为代表的主流媒体凭借优质专家资源和信息渠道，设置科学报道议程，以专业权威和理性的科学报道引导社会舆论，坚守政治责任、国家利益和社会效益，凸显了在面对公共突发事件时主流媒体的核心作用。以“科普中国”科学辟谣平台为代表的专业化科普平台，秉承科学权威特质，将解疑释惑、精准实用的内容送达广大公众，同时也为其他媒体提供经过严格科学审核的资源支持，展现了科普的社会价值和责任担当。科学辟谣平台结合传播热度、危害程度等因素，与中国互联网联合辟谣平台共同发布月度“科学”谣言榜单，针对公众认知误区，传递科学、理性的声音。自媒体生产的优质内容得到了广大网友的点赞和转发，与公众产生了共鸣。

总的来说，全媒体时代的应急科普需优化内容创新机制，在内容方面应做到即时性内容与持续性内容相结合，科学性、专业性、趣味性、通俗性统一。

三、完善资源整合机制

在全媒体时代，应急科普传播机制的调整和优化应当整合各种资源，释放其传播活力，这其中既包括发挥各种媒体平台的资源合力，也包括传播方式的协同效应，还需要统筹协调各种信息监管资源，以保障应急科普传播机制的有效运行，进而促进应急科普传播的有效性。

第一，传播媒介效用的发挥要通过媒介资源的整合来提升。构建全媒体传播体系需要依托传统媒体与新媒体的深度融合提升信息传播整体效能。整合并非简单的叠加，而是整合优势，协同利用各种资源。目前，应急科普传播面临两个问题：一方面，当前各种科普内容资源大都分布在各大网站上，由于缺少权威的应急科普资源库，受检索能力所限不少优质应急科普资源闲置浪费，得不到有效传播；另一方面，在内容设计与媒介传播上，当前应急科普偏向单向传播，交互传播特征不强。另外，科普内容大多以严谨的图文方式呈现，可读性和可理解性对普通民众而言有一定难度。传统媒体时代科普传播的总体运行方式是以单向点对点或者自上至下推动进行，由于传播主体信息来源可靠，传播方式严谨，人才队伍建设专业，内容制作能力强，对观众保有权威性、公信力和影响力。在全媒体时代，依托新媒体传播的应急科普速度快、范围广、互动便利，但是由于媒体运作的市场化、商业化趋势，特别是商业媒体平台上良莠不齐的信息使应急科普传播内容的精确性和影响力下降，这就需要加强与传统媒体的交流，发挥各自的人才优势、技术优势、信息资源优势，拓展应急科普传播渠道和影响空间，提高应急科普传播能力。

第二，依靠整合传播模式，凸显隐性传播的现实价值。事实上应急科普工作在突发事件中能够发挥舆论引导的作用，我们可以采取隐蔽议程设置的方式强化对群众的引导。我们在应急科普传播中也可以依托议程设置理论，具体操作中既包括各个层次、各种媒介的常用内容传播议程的设定，也包括政府因应急管理需要而做的顶层设计与主题设定。通过议程设置影响社会整体传播氛围，我们可以将原本显性的应急科普宣教转化为隐性的舆论导向。

应注意的是，应急科普议程设置的重心并不是使人民群众掌握无限的科学知识，而是为了以高效、及时的反馈响应机制方便公众随时找到所需的知识和咨询渠道，以缓解公众的心理焦虑，解决行为困惑，达到应急科普传播引导社会舆论、普及科学知识的最终目的。全媒体时代，新媒体舆论场是应急管理者要抢占的新阵地。事实证明，面对负面舆情采用“堵”和“灌”的传统手段或是采用消极回避甚至漠视的手段都是行不通的。

第三，依靠整合监管资源，实现传播环境的整体净化。健康、良好的传播生态能够有效提升传播活动的整体效果，有助于传播活动的有序进行。对于何为传播生态，阿什德在《传播生态学：控制的文化范式》一书中指出，广义上说，传播生态是指影响传播效果的各种因素，如信息技术、媒体，以及信息渠道本身的结构、组织等。传播生态对传播目标的达成有直接的影响。因此，优化应急科普传播机制，重要的一环是建立有序的传播生态，培育健康的媒介文化。在全媒体时代，应急科普传播各媒介平台上存在杂乱无章、良莠不齐等现象，我们必须依靠监管资源的整合来净化整体传播环境，可以协调运用法律监督、舆论监督、技术监督和行政监管等多种监管形式和监管方式。但在大众传播层面，信息技术进步促使技术监督和行政监督被广泛使用，仍以舆论监督和法律监督为主。我们要保证应急科普传播机制的良性运作，运用多种监管方式创造一个良好的传播生态是不可或缺的工作。

在全媒体时代，技术的飞速发展带来了新的法律问题，相应的法律法规还不够完善，在很多领域甚至存在空白。在应对突发公共事件时，各种媒体平台信息比较复杂，不仅有正面、积极的主流思想，还有伺机散布谣言、虚假信息的行为，因此，必须不断地完善法律制度强化法律监管，依靠舆论监督配合技术监督以及行政监管等手段，确保突发事件中主流思想传播环境有利有力。这也是保证应急科普传播机制的顺利运作、保证信息的传播质量的必要条件，应急科普工作是一个系统工程，“刚性”保障就是法律、法规。到目前为止，在各种应急法律、规章制度中零散可见与应急科普相关的内容，这与全民开展应急科普工作所需的法律环境并不匹配，所以急需将分散在各种法律制度中有关应急科普工作的内容进行整合，应急管理的“一案三例”整体框架下制定应急科普工作纲要，明确权力细则。这项工作将有利于促进相关单位和部门在应急科普工作中按规则办事，张弛有度，落实到位，取得实效，从根源上确保应急科普工作有章可循，使应急科普工作有效开展。通过设定预案保证应急科普工作流程的稳定性，以政府规章为纲对应急科普工作明确要求，可以确保即使在应对突发事件的危急时刻，政府也可以凝聚各方力量迅速调动信息，及时、有效地进行科普宣教，利用科技手段迅速引导舆论，安定人心，控制局面，协助开展突发事件的应急处置和抢险救援。

四、强化效果评估机制，建立规范的评估体系

当前，应急科普传播面临的一大问题是在传播主体和受众之间缺乏沟通和互动，没能真正做到准确掌握受众的需求，通过受众反馈及时进行调整，应急科普工作要真正取得实效就必须改进和解决这些问题。公众科学素养和应急能力的提升是应急科普传播的归宿。公众需求影响应急科普传播的发展方向，必须依托传播主体和受众平等交流、有效互动来准确地掌握公众需求，以建立有效的效果评价机制，检验应急科普的传播效果。

第一，建立互动反馈机制。在传统媒体时代，政府主导下的应急科普

传播被视为一种赋权的政治传播行为，客观历史因素的限制与认知上的偏差使得主流应急科普传播思维曾长期采用单向传播方式，只将广大受众作为信息输入的被动对象进行灌输，不注重传播受众的自主性和能动性，缺乏依托反馈机制来调节应急科普传播模式，因而在突发事件应对中往往是传播主体只注重单向传播信息，公众的意见反馈常被忽略。随着社会的发展，网络等新媒体的迅速发展和普及带来媒介环境变革，传统的模式被打破，受众能够便捷地获取海量信息，应急科普传播主体日益多元化，政府组织、专业机构及媒体的话语权和影响力被削弱，重大突发事件舆论场的复杂局面促使应急科普传播主体改变传统的观念、更新思考模式。传播理念的更新促使应急科普传播主体注重通过微博、微信、网络社区、论坛、贴吧等途径与公众进行直接的沟通，公众能够更为便捷地在社会治理的各种观点、意见和建议方面产生互动。在全媒体背景下，应急科普传播主体必须要在如何实现传受双方和谐互动、平等沟通上下功夫，必须从受众角度出发，用心审视受众的思想特点、利益诉求、接受心理、话语偏好等，在传播中构建并完善互动反馈机制，特别要重视网络大数据的实时分析，要拓宽信息互动的有效途径，及时发现和解决各种问题，增强应急科普传播的针对性，提升应急科普传播效果。

第二，建立传播效果的评价体系。依据社会态度的发生机制，传播活动作为一种社会行为，可以通过受众的认知、心理、行为倾向来评价传播效果。具体来说，可划分为三个层面：一是认知层面，信息直接作用于受众的知觉与记忆系统，具体表现为受众知识量的增加与知识结构的变化；二是情感层面，信息作用于受众的观念或价值体系，具体表现为在心理上或者态度上引起情绪或感情的变化；三是行动层面，这个层面的传播效果通过人们言行的变化表现出来。这种从认知接受到态度改变再到行为调试，实际上就是一个具体的传播行为效果的不断累积、深化与扩大的过程。对于应急科普传播而言，传播效果应该从两个方面来检验：一是个体层面，即受众在接受应急科普信息后，通过观察、分析与判断，在感情、态度与行为等方面的表现；二是社会整体层面，是指应急科普传播活动对受众和社会所产生的影响和总体结果。综合个体与社会两个层面的观察指标，建立一整套系统化、标准化的传播效果评价机制，对提升应急科普传播效果至关重要。构建应急科普传播效果评价体系需解决的问题应包括评价主体的确定、评价标准的制定以及评价反馈的判定，即解决由谁来判定评价效果、如何来制定评价标准以及如何根据评价反馈来优化应急科普传播等问题。

另外，我国近年来应对突发公共事件的经验证明，应急科普宣传报道效果的提升对突发事件的处置及舆论引导带来了正面效应。然而，当前应急科普传播主体普遍存在的问题是，虽然关注科普内容的创作和媒体传播的力度在加强，但对应急科普传播的舆情监测能力不足，尤其是在面对突发公共事件时舆情的监测和预警能力相对薄弱，不能及时捕捉因网络的快速传播随时生成的应急科普舆情动态，因此应进一步加强应急科普工作的网络舆情监测和预警机制。

全媒体时代，构建应急科普传播机制需从主体协作机制、内容创新机制、资源整合机制、反馈与评估机制等方面入手，从顶层设计、传播环境、主体内部关系、内容和话语表达、技术选择与传播效果评估、法治监督、舆论监督与技术监督等多个层面进行优化。在这一系统工程中，国家层面的顶层设计是应急科普传播机制优化的基础要素，各层级传播主体的组织协同及其综合素养提升是应急科普传播机制优化的主导因素。传播内容及其表达方式创新是应急科普传播机制优化的核心要素，也是应急科普传播效能提升的关键要素。而注重互动反馈是全媒体时代传播生态的迫切要求，对传播效果的有效评估以及对整体运行机制的监督、监管是应急科普传播运行的保障要素。

第四章

应急科普的新媒体制作

第一节　微信公众号的应急科普制作

新媒体的传播状态是从一点对多点的传播转变为多点到多点的传播。新媒体真正使媒体与受众建立了联系，并同时向各种不同的人群传递完全个性化的信息。在注意力经济占据主导地位的碎片化阅读时代，新媒体传播能够比传统媒体更快更好地适应快节奏的生活，能够在传递信息的同时，满足媒体与受众、受众与受众之间的互动交流需求。应急科普利用新媒体媒介传播已经是发展的必然趋势，也是应急科普工作必须面对的重要课题之一。其中，微信公众号作为信息一对多传播以及新媒体媒介的典型代表，如何制作微信公众号推文便成为应急科普工作人员必须花费大量时间与精力进行研究的问题。

一、应急科普微信公众号的特点

随着微信公众号的普及与发展，它在人们的生活中越来越起着不可或缺的作用，不仅娱乐性质公众号数量上涨，各种学术类微信公众号也不断涌现，与此同时，微信公众号在科普方面的优势日益凸显，尤其是近几年的新冠疫情也间接推动了应急科普微信公众号的快速发展。如政府官方微信公众号“中华人民共和国应急管理部”单篇推文的最高阅读量达10万+。

“中华人民共和国应急管理部”微信公众号，在应急科普分类栏目包括“自然灾害”“生活安全”“生产安全”“消防空间”“有限空间”几个板块，从生产生活所涉及的各个方面对订阅者进行科普宣传。一方面该公众号起到了对大众进行科普教育的作用，另一方面也起到了提升应急科普工作人员素质、完善知识体系的作用。应急科普通过微信公众号进行传播，取得了一定的成果。目前主流的应急科普微信公众号有以下特点：

（一）传播主体复杂化

新媒体的不断发展，UGC模式吸引了大量受众参与内容创作与传播，使得传播者与传播受众之间的界限日益模糊，传统的应急科普手段被新媒体所取代，新的应急科普传播群体身份复杂，专业知识储备不像传统的应急科普传播者那样具有针对性，文章形式也与传统的风格差距较大。

应急科普的微信传播的方式主要分为直接传播与间接传播。直接传播指的是由个人或企业的名义申请微信公众号，并在该公众号内由专门的负责人进行文章编辑，之后再将文章向订阅用户进行推送；间接传播则是利用了微信朋友圈社交圈层，用户接收来自微信公众号的直接传播之后进行转发扩散，使其他用户接收到该文章内容。应急科普的微信公众号传播同样利用了这种模式，直接传播的原创者与间接传播的二次创造者相互作用，对内容进行分享、评论和转发，完善应急科普传播内容的同时，完成应急科普传播内容的扩散。

近年来，越来越多的应急科普机构开通了自己的官方微信公众号，不再将自己的话语权交予其他平台，从间接传播转向直接传播。这些应急科普机构基于自身的专业性与多年工作所积累的实践经验，在受众心中有更高的权威性，订阅量相对其他微信公众号会更多，更容易被受众所认同，往往有着更显著的优势。

但是在这个过程中，由于微信公众号传播的自由性以及用户的知识水平与媒介素养不相同，应急科普传播在信息符号多次编码解码的过程中会出现内容歪曲的现象，对之后的传播受众会产生不同程度的影响，进而影响应急科普传播内容再创作，由此循环往复所导致的效果便不再受最初进行直接传播的原创者的控制。这便是微信公众号应急科普传播主体的复杂化。

（二）传播内容多元化

新媒体时代改变了人们的阅读习惯：从纸质媒介转向电子媒介，从具体时间阅读转向随时随地阅读，从长时间阅读转向碎片化阅读。传播内也发生了改变，微信中应急科普的传播内容也进行了更新，形式灵活、新颖、有趣，具有多样性与丰富性。纵览每一篇应急科普文章，它的标题、引语、正文都有着质的飞跃。

首先是应急科普文章标题的变化。标题紧扣文章主题，主题往往是热点领域，运用了新媒体文章标题选拟的方法，选定关键词、凸出事实、产生悬念、增强说服力与趣味性。在吸引受众注意力的同时保证应急科普内容的科学性，以受众的兴趣为导向，使得更多受众点击文章链接接受应急科普教育。

其次是应急科普内容引语部分的变化。与娱乐内容相比应急科普知识类内容更难进行传播扩散，长篇枯燥的文章会引发阅读者的反感，文章的完读率会大大降低。因此，如果引语可以短小精练又生动有趣地概括正文内容，应急科普内容的传播会更为容易。微信公众号逐渐衍生出了视频号，一个吸引人的文案往往会带来更多的流量，可以利用大数据算法进行更大范围的推送。

最后是应急科普内容正文部分的变化。应急科普内容的知识量非常之大，且需要具备“普及知识，兼具创新”“打破谣言，揭露真相”的功能。如何选取受众感兴趣的切口进行内容展示，表达严谨、全面又引起受众共鸣是应急科普正文所不可或缺的。因此，减少段落长度，搭配生动、贴切的图片，使用时尚化的语言等方法，都是应急科普内容正文改进的方向。

（三）传播受众精准化

微信公众号的发展不仅仅是利用了新媒体网络，更是发展了新媒体网络，将受众的社交圈层移植到网络之中，并加以拓展，加强了传播者与传播受众、传播受众内部的互动交流，这使得利用微信公众号进行应急科普变得更加方便快捷，主动接触应急科普的受众群体也愈加壮大。

每个微信公众号都有自己的风格定位，运营一段时间之后可以在公众号后台查询订阅者的基本情况，运用大数据分析构建订阅者的虚拟形象。微信公众号常常会以用户虚拟形象为导向优化推文主题和内容，增加现有订阅者的用户黏性，吸引更多同类型用户。应急科普微信公众号在这一方面也在不断发展，通过分析订阅者生活地区、生活环境、受教育程度等信息，总结出本公众号订阅者的层次水平，再去调整文章内容，贴近个性化定制信息以适应用户的阅读习惯与阅读能力。订阅者层次越高，应急科普推文的知识量就应该越大，正文语言应该越严谨科学。

受众群体对应急科普的接触从被动变为主动，所关注的主题也会有所侧重，例如生活在地震带的受众会更加关注地震演习等方面的知识，主动接触应急科普的受众将更倾向于对传播内容进行二次传播。有着相同或相似生活环境以及学识的受众更容易发生聚集现象形成社群，不同社群所关注的内容各有不同，受众被划分成了各种类型。“自然灾害”“生活安全”“生产安全”“消防空间”“有限空间”等各种不同主题的微信公众号推文会自动与相应受众对应，传播受众精准化提升，传播效果提升。

二、应急科普类公众号存在的问题

由于应急科普类微信公众号数量剧增，会出现质量良莠不齐的情况，其问题主要集中在以下几点：

（一）内容严谨性不足

应急科普尤其是新媒体应急科普起到传播科普知识、即时推广、屏蔽谣言、消除不利影响的作用。但由于网络的信息量非常大，难免会出现一些流言、谣言。

低质量的微信推文的产生与传播者素质较低、过度追求推文时效性、受流量收益驱使有关。传播者与传播受众的界限日益模糊是新媒体媒介具有代表性的特点之一，越来越多的用户使用自己的个人微信公众号进行内容输出，这也导致所输出的内容的专业性无法得到保证，用词不准确、科普概念不清晰等问题突出，导致推文内容产生偏差，再经过多次间接传播，传播内容的偏离程度就会更高，由此产生恶性循环。

新闻传播强调时效性，应急科普文章同样强调时效性。在突发公共卫生事件中，每日感染人数、物资变化情况、如何有效防护都为受众所关注，微信公众号常为尽早发布信息减少编辑审核这一步骤，使得信息的准确性大打折扣。

微信公众号的收益来源离不开流量效应，吸引更多受众的注意力成为微信公众号经营者的目的，因此一些骇人听闻的标题应运而生。一味追求刺激性标题而忽略落实应急科普教育、传播有价值的信息，长此以往，必将对应急科普工作带来不利影响。

（二）内容形式单一

内容形式多样是吸引受众的重要因素之一。应急科普知识量大，且具有较强的科学性与专业性，只有很少的受众可以快速高效地吸收大部分内容，为了提升应急科普效果，微信应急科普平台应该注重应急科普信息形式的多样性。目前主流的应急科普微信公众号依然以长篇文章为主要推广形式，行文学术性强，缺少趣味性和灵活性，普通用户无法长时间关注。此外，很多微信公众号推文直接转载专业学术期刊，将一些面向行业内部专业人士研读的文章直接提供给普通人，应急科普的效果非但不能提升反而大大下降。

微信公众号平台在进步，尤其是视频公众号出现以后，即使不使用专门性短视频软件的受众也会或多或少倾向于观看短视频信息，但应急科普类微信公众号在科普信息制作的过程中并没有注意到短视频功能的优势，依然将重点放在文字与图片上，无法吸引受众。

应急科普类文章的分级制构建缺失。即使是最严肃认真的科普也需要针对受众的特点在遣词造句或页面排版上下功夫，单一的长篇大论很容易使受众产生厌烦心理从而拒绝阅读。应急科普微信推文缺少文字与图片的配合、音频与文字的配合，如果能将该部分补充完整，把握受众的阅读习惯，应急科普效果会得到有效提升。

（三）后台运营效果弱

如今，新媒体融合已经是应急科普传播发展的一大趋势，这对传播效果的提升是机遇也是挑战。很多应急科普工作人员的网络媒介素养并没有得到很好的提升，思维没有从传统模式转移到互联网模式，良好的写作文笔、充沛的知识储备量无法得到有效发挥，应急科普类微信公众平台的传播效应始终敌不过其他类型的公众号。

应急科普工作人员对“用户至上”的概念没有产生内化，对极快、极致、迭代、流量、社会化的理念没有完全理解，突出表现在不完全会利用推送黄金时间段。人们的阅读习惯随着新媒体媒介的发展发生了巨大变化，在学习工作间歇进行碎片化阅读已然成为常态，非间歇时间的推送很难获得大量的流量关注，错过最佳的直接传播时间对间接传播的影响会更大。

微信公众号推文的传播高度依赖受众的社交圈，属于一种封闭性的传播环境，只有公众号关注者、订阅者才能够接收到推文。应急科普工作人员由于对微信公众平台功能与环境缺乏了解，无法进行有效运营工作，很少能够利用好推文中的转发评论尤其是精选评论功能，受众的评论和转发率提不上来，信息传播链较短，受众范围受到限制。

（四）推广范围窄

各种媒介技术的发展也推动改变着信息推广技术的发展，从单一线下模式转为单一线上模式，再发展到如今的线上线下一体模式。应急科普微信公众号始终游离在其他类型公众号之外，单纯的寄希望于与传统传播方式一致的长篇文章，即使是在线下的推广中也仅仅以宣传讲座为手段，忽略了将线下用户变为线上用户的步骤，对微信公众号的宣传推广范围窄，很难快速吸引大量用户订阅。

应急科普微信公众号很少与其他类型公众号进行联名合作——以独立的方式积累用户相对来说速度缓慢。类似在其他平台嵌入超链接、使用抢红包功能来吸引用户、将公众号二维码渗透进其他平台等方式都是应急科普类微信公众号所缺少的。一些应急科普专业组织虽然已经开通了微信公众号，但内容更新与推送的频率却不是很高，即使有推文也很少会进行跨平台宣传，很多受众会因此取消订阅，即使不取消，也会习惯性忽略该公众号，使得推广难度再度加大。

传统的应急科普工作除了一些行业内部杂志以外，会经常进行应急科普主题宣讲，在新媒体时代这样的推广方式也没有被弱化。但进行宣讲的专家学者很少会提及有关微信公众号促进现场订阅，很多线下应急科普受众苦于没有线上平台订阅方式而放弃订阅，这些潜在的订阅量会被浪费掉，推广范围受到限制。

三、应急科普微信公众号的制作

应急科普类微信公众号的产生和发展根植于新媒体社会环境，受各种社会问题与公共安全的影响，必然会得到进一步发展。应急科普传播者、传播媒介等对微信公众号的利用率会不断上升，制作出高质量的微信公众号内容就显得尤为重要。

（一）内容为王：贴近受众，分级化编辑

应急科普微信公众号受众可按照对应急科普信息的储备充分与否简单分为专业型受众、阶段型受众和低水平受众。专业型受众一般是从事应急科普等相关工作的人员或经常性、习惯性关注应急科普类信息的人士；阶段型受众常常是受到当前社会新闻的影响而有目的性地接触应急科普信息的人士；低水平受众则更多的是被动接触应急科普传播内容的人士。

基于不同的受众类型，应急科普微信公众号要设置不同的主题板块，针对专业型受众可安排学术专业文章，如有关应急管理方面的理论知识，包括“现象级”舆情事件的“现象级”处置；针对阶段型受众安排新闻性较强的推送内容；针对低水平受众所推送的内容信息量可稍微降低，以受众知晓为目标，循序渐进地进行科普教育。

学术化的语言可以被专业型受众所接受，但阶段型受众与低水平受众无法深入理解学术化语言，甚至会产生厌烦心理。对待阶段型受众要使用贴近生活性的语言，用最通俗易懂的语言描述信息，使信息得到有效传播。面对低水平用户可以结合当下流行的网络语言，采用图文结合、多图少字的形式，增加趣味性，降低阅读难度，寓教于乐。应急科普微信推文应该善用多种形式内容，调动受众的积极性。

（二）个性定制：尊重原创性，避免同质化

应急科普推文想要扩展推广范围需要增加本公众号的自主内容，尊重

原创性，避免同质化，即使是转载内容也应该搭配合理有用的评论信息进行有效二次创作，进行个性化定制，从独特角度入手吸引有需要的受众。

微信公众号推文的原创性主要体现在独立调查热点内容，独立寻找有价值的信息，独立撰写推文，避免在公众号内出现过多的转载文章。应急科普工作人员要在寻找有效信息上花费更多的时间与精力，提高“采访”“写作”“编辑”“评论”能力。从事应急科普的工作人员比一般传播者拥有更多的优势，信息来源更快、更准、更全面，对热点的敏感度更高。应急科普工作者不应以教育者的身份自居，而应该以记者或讨论者的身份去看待科普内容，传播前进行充分调查学习，传播时关注受众评价进行学习，传播后总结学习，从整个传播过程中寻找到有价值的信息来进行科普传播。

应急科普微信公众号编辑需要用辩证思维看待转载内容，不能一味地复制、粘贴，应在深入阅读理解转载内容之后撰写评论，对受众进行正确引导，尤其是勾画出文章重点，突出文章主题，避免耗费受众注意力。在新媒体时代，受众并不是被动接收信息的个体，而是会主动接触信息并产生思考的群体，合乎逻辑的评论能够激发受众的思考，在这个过程中，应急科普信息不仅能够直线传播，甚至可以调动更多受众的积极性，使受众对传播内容深入理解，并主动进行转发传播。

应急科普微信公众号推文的撰写要寻找到最优角度，甚至可以撰写多篇推文，从不同角度全面进行科普信息的传播，但每次推送的头条需要放置最重要、最新颖的角度。这是因为应急科普类公众号数量多，不同的微信公众号在同一时间里寻找到的热点是一致的，不同公众号所推送的文章内容会大同小异。只有写作的角度新颖，与其他公众号推文有着明显不同，才能在一众文章中脱颖而出，吸引受众的注意力，达到提高点击率的目的。

（三）官方运营：亲和性互动，及时辟谣

官方应急科普微信公众号要始终占据主导地位，及时在网络后台监控其他微信公众号所发布的内容，并对其他应急科普微信公众号发布的信息进行方向性引导。在这个过程中，官方微信公众号要转变身份，采用更贴近受众生活的方式积极“吸粉”。官方微信公众号更要承担好辟谣的职责，避免谣言扩散引发恐慌。

官方应急科普微信公众号在信息获取方面要优于其他公众号，并且更能掌握好政策方向，不论是社会热点讯息还是时事政策讯息都可以更全面、更准确地传播，避免出现偏差，误导受众。同时，应急科普微信公众号还要及时评论转载相关原创应急科普资讯，在带动其他应急科普品牌的同时，提高官方应急科普公众号的科学性，提高官方微信号的公信力。在官方引导之下，应急科普微信公众号的发展进程也将更轻松，发展道路更通畅。

官方应急科普公众号在面向受众时更要“接地气”，以服务态度进行公众号运营，要有亲和力。工作人员在后台处理受众互动信息时要注意回复的态度与语气，适当使用表情包，采用“年轻化”“可爱化”“俏皮化”的方式来进行互动，拉进与受众之间的距离。

一旦发现有谣言在扩散，首先需要采用拦截的方式，避免谣言的再次传播扩散。如果谣言的传播力度过大，波及到许多网络用户，应急科普官方微信公众号要及时发声，用快速、详尽的方式对谣言进行更正。此时，一定要强调科学性和权威性，拿出有力的证据来反驳谣言。另外，我们不能忽略提高受众辨别谣言能力的重要性，要将谣言的传播扼杀在受众传播阶段。

第二节　微博的应急科普制作

新媒体与传统媒体相比有非常明显的优势，其中微博充分体现了新媒体的特点和新功能，将交互性与及时性、海量性与共享性、多媒体性与超文本、个体化与社群化等特性都涵盖其中。微博应急科普在新媒体应急科普中发展时间较长，用户数量多，传播范围广，传播效果潜力大。本节将对微博应急科普的现状及特点进行细致分析，为微博应急科普的未来发展方向提出一定意见与建议。

一、应急科普微博的特点

微博于2007年在国内出现，2009年出现阶段性变化，至2014年新浪微博宣布更名为“微博”之后，微博的发展逐渐稳定起来。应急科普主动利用微博进行科普活动，以应急管理部官方微博为例，2014年开设微博号时以简单的应急安全法律法规科普为主要内容，发展到2022年，应急科普内容更注重结合社会热点新闻，篇幅增加且内容丰富。微博应急科普在完善发展过程中展现出了以下特点：

（一）主体的影响力

传播主体的影响力越大，应急科普传播效果越强。例如，应急管理部官方微博，受众在接触应急科普信息时会考虑到官方微博的可信度更高，在官方和非官方微博账号中会优先考虑关注官方账号。传播主体的影响力是一个积累的过程，因此官方账号有着天然的优势。官方账号的影响力有很大一部分是从传统应急科普时代就积累起来的，新媒体的发展使受众的媒介接触习惯转移到网络上，同时也将对传统媒介的信任度转移到了网络上，类似应急科普相关政策、科教信息等内容，更多受众还是习惯通过官方账号寻找答案。

新媒体时代到来，传播者与受众之间的界限变得模糊，任何使用网络媒介的人都具有创作短微博、长微博、图片微博、视频微博等的机会，每个人都可以是传播主体，应急科普工作也被分割了出去。有专业知识的应急科普工作人员或学者纷纷在微博建立自己的个人账号，进行应急科普内容的输出，其本身在业内的成就会在账号建立初期带来部分影响力，更大的影响力则来自高质量的应急科普内容，以及及时准确地与受众进行讨论互动。微博本身所具有的用户之间的互动优势，因而良好的账号经营能力对影响力的积累有着很大的帮助。

经过时间的检验，传统媒体或传播者本人所累积的影响力会慢慢减退，就像“休眠效应”理论所展现的底层逻辑一样，只有传播内容本身才是影响传播效果的决定因素。目前各大应急科普微博已经注意到了这个问题，微博内容在日益丰富，每日更新的微博数量也更多，活跃度上升之后受众的关注度也随之上升。

（二）热点事件的关联性

应急科普信息与热点事件关联越大，传播效果越好。微博的时事热点更新速度快，热度越高传播范围越广，吸引到的受众就越多。尤其是在“热搜”功能不断完善之下，一些微博热点话题或多或少都包含一些可拓展和延伸的方面，尤其是涉及公共安全或人们生产生活的社会性热点问题。这些热点为应急科普提供了基础素材、切入点及传播范围扩大的机会，无论是正面热点还是负面热点，都有可挖掘的内容。

当微博热点涉及公共安全，例如自然灾害、食品安全、环境问题范围时，应急科普微博积极跟进报道，进行全方位、科学化的信息呈现，为受众勾勒出完整的事件信息，履行了传播职能，保护新闻的真实性，维护了受众的新闻知情权，吸引了受众对事件的注意力，在之后的报道中穿插一些相关应急科普信息，包括如何在自然灾害来临时自救，灾害发生的原因，后续处理结果等，不仅应急科普微博可以收获流量，而且公开、透明的报道方式可以减少社会恐慌，引导社会舆论，对限制谣言的产生起到重要把关作用。

微博热点是随时更新的，应急科普内容也随之更新，可以时常为受众提供不同的新鲜感。这种传播方式还有着隐晦的学习引导性，通过结合热点进行的科普改变传统应急科普的说教式传播，反而为受众主动传播与讨论提供了平台，尤其是针对还在发展中的应急管理内容，互动讨论会为科学知识的进步提供有利条件。同时，受众能够更容易意识到应急科普这一行为的科学性，应急科普工作不是浮于表面的“填鸭式教学”，而是有理有据的科学论证。

（三）内容的亲和力

内容的亲和力越强，应急科普传播效果越强。言语的亲和力会使得受众的注意力被吸引，很有可能引发受众的好奇心，产生接近的想法，进而进行追问。反之，当语言没有体现亲和力，显得无聊时，受众就不会产生好奇，甚至会产生反感，不会主动对传播内容进行接近，传播者与受众的距离变远。目前微博中的应急科普类账号在亲和力上，非官方账号比官方账号的效果更好，例如微博账号“防灾小卫士”，在发布微博时所使用的图片偏卡通化，与一板一眼的蓝底白字文字图片不同，严肃感降低，亲和力直线上升。

应急科普微博的亲和力主要体现在丰富的媒介表达形式与语言表达形式上。具有亲和力的应急科普微博账号主页的整体主题颜色构成更明艳、丰富，摆脱刻板的黑白或蓝白搭配，所搭配的图片也更卡通化，有些账号会聘请专门的画师进行漫画式创作，展现出比照片更清晰的积极情绪。视频的搭配也会更注意解说和画面的契合度，是否能更有代入感是衡量亲和力的重要因素。在语言表达方式，非官方账号会更具有主观倾向，会模糊掉传播者与受众之间的地位差异，文字描述或语言沟通都更加的平等与简洁，通俗化的用语使得受众发自内心地接受应急科普内容，愿意去了解和感受科学的魅力。

当前网络空间文化的特点越来越鲜明，应急科普微博账号所使用的文字非常容易被忽视，受众更愿意接受动画、视频等展现形式，直观地感受应急科普知识。应急科普微博所展现的内容也很重视这一方面，力求将科学素养不高的受众积极性也调动起来，动画和视频作品是娱乐性和亲和性的共同体现，传播效果也得到提升。

（四）话题的发散性

应急科普传播内容话题发散性越强，科学传播效果越强。微博在传播过程中，各种各样的碎片化信息会逐渐被拼凑，展现出整个事件的全貌，微博近一段时间还更新了时间轴功能，展现出随着时间的变化事件的发展情况。由于这种便捷性，受众很倾向于将微博变为信息的第一传播媒介和第一接收媒介，逐渐习惯自主拼凑事件的整体情况。但在这个过程中，信息数量过多，受众的注意力很容易被分散，继而引发关注其他与主体事件相关联的事件。例如，在彭州洪水灾害发生的几小时之内，受众的讨论词条在不停地变化，包括“彭州山洪因短时强降雨”“彭州山洪目击者称有人提前逃离”“彭州山洪事发地不是正规景区”。应急科普抓住话题的发散性特征，从相关的话题中寻找恰当的角度是进行应急科普传播的有效途径。

应急科普微博从分散的话题中寻找到有利于传播的角度之后，通过微博文章将受众已经分散到各种相关词条的注意力再聚拢，聚集到应急科普微博想要引导传播的话题之上。受众根据自己的喜好而将注意力从主体事件分散出去，再受应急科普微博对注意力的有方向的引导而转向相关重点内容，这种行为所涉及的话题词条越多，最终吸引到的受众就会越多。类似于“广撒网，多敛鱼，择优而从之”的传播模式有利于应急科普微博寻找到更契合本微博理念和主旨的受众，引起网友们的关注、评论与转发，延长传播链，进行质量更高的传播。

二、微博在应急科普中的优势

以上特点对微博应急科普的传播效果起到了积极促进作用，使得微博的优势越发突出：

（一）引导性更强

在微博上，不管是热搜还是超话，都是在吸引受众注意力的基础上推行的，进入热搜词条或微博超话之后整体话题场域就发生了变化，不再是开放性的讨论空间，而是有针对性、方向性的讨论组，讨论群体围绕同一话题进行讨论，该话题的广度受到场域的限制，但深度却是越来越深。在此过程中，应急科普微博的出现是“意见领袖”一般地存在，为受众的讨论提供具体的引导，甚至热搜词条或超话都有可能是应急科普微博账号所建立的。

讨论群体的出现使得传播有了一定范围，在该范围内的受众有相似的人生观、价值观、世界观，对话题的理解也可能会相似，应急科普微博所发布的博文对这部分受众所产生的影响效果也会类似，易引发受众之间的共鸣。应急科普微博所传播出的知识性信息，会为受众带来强烈的代入感与参与感，在交流互动中潜移默化地进行引导，受众进一步领悟应急科普知识。

微博互动并不局限在受众与受众之间，传播者与受众之间，还存在于传播者与传播者之间，这种互动传播方式可称为“联名”。“联名”行为的引导性会更加鲜明，两个或多个账号的信息进行共享，不同受众群体同时收到相同的信息，有差异的群体发生思维碰撞，但两个或多个传播账号通过自己原本的影响力对不同群体的思维向同方向引导，形成新的更庞大的群体，群体中的每个人对应急科普信息的认知达成共识，受到影响的受众更多，传播效果再度提升。在未来，新媒体继续发展，这种多账号之间的“联名”活动会更多。

（二）涉及面更广

微博应急科普比传统应急科普的传播范围更广。所有能够有机会接触到网络的人们都是应急科普微博的潜在受众，“专业型受众”“阶段型受众”“低水平受众”都被涵盖在应急科普微博受众类型之中。受众类型的多样性会使得应急科普微博每条博文拥有更多的浏览量、评论转发量等，应急科普微博对受众的覆盖面更广，对社会大环境中受众的知识需求了解更透彻，应急科普微博呈现一片欣欣向荣的景象。

传统的应急科普方式受到版面排版、编辑部硬性要求等方面的限制，每篇科普文章都有限定的主题，很难充分拓展知识面。应急科普微博利用微博热搜、微博话题、链接、长文章等功能，通过一个应急科普主题可涉及更多、更全面的科普知识，即通过一个主题可以向受众传播更多的知识性内容，传播者的传播方向更多元，受众的可选择内容也更广。在海量信息的传播之下，受众不管主动或非主动都会受到应急科普传播内容的影响，无形中对科普内容就进行了广泛的传播。

应急科普微博利用了多种传播方式，甚至还设置了许多的主题模块，例如科普中国微博账号针对“七上八下防汛怎么防”这一主题发布了长图“汛期防灾避灾指南”和视频版“遭遇山洪如何避险逃生”。在科普中国微博账号之下，受众学习防灾避险、应急科普知识的方法更多元，一维、二维、三维的学习方法都可以进行选择，受众对哪种学习方法感兴趣，能吸收哪种方法就去选择哪种方法。受众的自主权利扩大，学习环境得到优化，探究行为可以得到发展。

（三）互动性更强

传统的应急科普模式，无论是宣传演讲还是书籍报刊，总是以专业身份自居，单向式进行应急科普信息传达。新媒体时代，应急科普微博的出现为公众与科学家进行平等对话提供了合适的平台。以往那些受众没办法直接接触到的专家们，在微博上就可以直接进行互动，受众从专家那里接收到的信息的准确性得到了保证，遇到不理解的问题也可以直接与专家进行沟通，有针对性地解决问题，既节省了学习时间，又提高了学习效率。除此之外，受众拥有了充分的自主选择权，不需要盲目地接受，对已知的内容可以进行规避，主动寻找内容弥补知识盲区成为可能。

应急科普微博是一个进行双向内容传播的平台，身为应急科普微博博主也可以是受众，受传播者也可以在评论区对其他人进行反向传播，受众可以和专家进行双向学术沟通或互动讨论。这使得科学与普通人之间的隔阂变小，科学不再是科学家的独享，知识的解释权与发展权也不再完全掌握在少数精英的手中。

三、应急科普微博存在的问题

然而，微博应急科普传播并不是完美的，新媒体网络传播的范围过广，在很多方面不受传播者的完全控制，因此也存在很多问题：

（一）应急科普缺乏人文关怀

应急科普微博博文往往从众多的内容中选取一个进行写作，以大篇幅的内容编辑制作，常常忽略受众真正的需求。应急科普工作从字面意思解释为“为应对突然发生需要紧急处理的事件而进行的科学普及工作”，因此应急科普是以实践为基础的，应急科普不是单纯地讨论科学知识，而是要将知识与社会现状联系起来，关注人们的生活状况与所思所想。另外，与麦克卢汉的“媒介即讯息”理论类比，传播应急科普信息并不是应急科普工作的最终目的，调动起社会范围内的人们接受科学，培养科学思维，培养科学精神，以人为导向，以受众为核心才是应急科普工作的真正意义。

在微博平台中，无论是官方应急科普账号还是非官方应急科普账号总是更关注如何能将更多知识输出，但事实上，受众学习了知识并不等于学到了知识，更不等于学会了如何利用知识。应急科普知识内容的传播目的在于使受众遇到类似情况时能迅速做出反应，而不是单单会“纸上谈兵”。如果不能融会贯通，即便是“口若悬河”，一旦落到实处也会手忙脚乱。应急科普微博的作用目前仅仅停留在使用户知道了信息，但还没有能够将知识推行下去，对人们的生产生活实践未产生有效的影响。

（二）传播内容逻辑性较弱

应急科普微博的创建目的不同会导致内容的不同，但应急科普微博账号近些年来数量不断增长，同质化现象严重，同类账号之间的竞争也变得激烈，在传播过程中出现了一些问题，是需要应急科普微博在后续的发展中特别注意的。

专业的应急科普微博账号掌握在官方或始终从事应急管理工作的人员手中，这部分账号侧重于对同一个热点的深入剖析，着力去发掘一个热点的可拓展内容。但由于微博App的热点更新速度过快，专业账号在分析一个热点的时候，下一个热点已经产生了，受众的注意力也不可避免地发生了转移，再想调动起受众的兴趣是有一定难度的。专业应急科普微博过于强调专业性，过于深入地发掘可探讨的内容，逐步脱离热点，没有办法再寻找到有效逻辑回到热点之上，受众的注意力战线拉扯太长，很容易放弃对该主题的继续关注。

非专业的应急科普账号对自己专业性的评估比较准确，与专业应急科普微博账号相比内容要更加地大众化，但为了保持自己的独特性，非专业应急科普微博账号更关注对热点的报道，再根据报道内容进行专业科普延伸。非专业应急科普微信对热点的依赖性较强，对热点的报道篇幅较大，应急科普的内容反而被弱化，偏离了应急科普账号的经营目标。除此之外，从热点报道到应急科普的跨度很大，跳过了逻辑链中的链接部分，使得热点与应急科普延伸的内容关系断层，受众的思维被阻断，影响了科普传播的效果。

（三）科普内容科学性存疑

应急科普过程中的大部分信息是依照事实而来的，但由于信息数量大且内容繁杂，一些谣言与伪科学就会夹杂在众多信息当中传播出来，科学传播效果会被削弱。2019年底到2021年度出现在微博平台上传播范围较广的谣言有：①每天用肥皂洗鼻窦可以降低感染肺炎的风险；②保持喉咙湿润可以预防病毒；③吃补药或保健品可以提高免疫力；④注射“新冠特免血浆”可以预防新冠病毒感染；⑤新冠病毒传播存在着神秘的两个月循环周期；等等。

这些谣言或伪科学的出现首先表现出应急科普微博在“把关”步骤上的缺失。一般的微博用户对应急科普知识储备不充分，认知能力参差不齐，在人人都能发声的互联网微博上，很多信息的科学性都是值得怀疑的。把关步骤在此就显得尤为突出，微博App后台的事前把关，媒介组织的事中把关，受众群体的事后把关都发挥着重要作用。一些谣言流言就是钻了把关不到位的空子，受个人或者营销团体的利益需求支配，利用互联网微博的社交属性，刻意被歪曲的应急科普信息被迅速传播扩散，应急科普知识储备不充分的受众就会受到影响，甚至受到欺骗，危害人身安全以及财产安全。此时受到威胁的不仅仅是受众对应急科普微博账号信任度，还有受众对科学内容的理解以及受众科学素养的提升。

（四）过度追求经济利益

在社会主义市场经济条件下，对于很多非政府部门或专门机构运营的应急科普微博来说，工作人员的薪资、内容推广、同类微博账号之间的竞争等都是经济上的挑战，所以应急科普微博账号进行商业营销，拉投资拉赞助都是不可避免的事情。但是，应急科普传播与经济利益相关联，受到商家品牌利益追求的影响，应急科普内容的科学性极有可能受到冲击。

微博受到的经济利益的冲击会更隐晦一点，广告内容不会自己清晰地标注在微博文案或者主体内容之中，反而会穿插在行文之中，“少量多次”地进行传播，有意无意地将广告内容融入应急科普知识之中。这种隐蔽的广告宣传方式会不可避免地影响科普内容的科学性，况且这样隐秘的广告传播方式普通受众很难清晰地辨别，很难对其科学性产生怀疑，甚至将包含广告的内容当作权威内容接受或进一步传播。

微博App本身就受到经济利益的驱使，在其中传播的内容也不可避免会受到影响，应急科普传播也无法幸免。使用微博App进行应急科普传播这一模式还处在发展过程之中，运营体系、写作方式、传播方向都没有形成稳定的模板，一旦受到外界因素尤其是经济因素的影响，出现的变动就会非常之大，造成传播混乱和无效传播。“弯路”走多了难免会危害微博平台应急科普的整体环境，对应急科普的发展造成阻碍。

四、微博的应急科普制作

截至2022年底，安卓应用商店中微博App的下载次数达178亿次，微博活跃用户2.49亿。如此庞大的数据对应急科普传播有着极大的促进作用，提供了巨大的受众储备，传播范围与传播方式得到了广泛保障。除此之外，由于受突发公共卫生事件以及各种社会新闻的影响，应急科普知识对人们生活的影响面越来越大，应急科普信息的重要性急速上升，应急科普类信息成为人们讨论的热点话题，在人们素质提升与社会大范围发展方面占据着重要的地位。

与微信公众号等具他传播方式相比，微博的引导性更强、涉及范围更广、互动性更强，在内容编辑制作上需要更多的技巧，以求更快更好地建立微博应急科普传播模板，规范微博应急科普模式。

（一）微博应急科普传播更重视特色与原创

目前由于微博App平台本身的各种优势，应急科普微博账号在制作与传播上已经有了其他平台所没有的传播优势，出现在受众视野中的频率更高，讨论度也更高。未来随着微博平台本身升级发展，传播内容和传播方式的种类只会更加多元，应急科普内容的传播会拥有更多的发展方向，所包含的新鲜元素也会有更多的可能。但纵使这些发展方向有着不可估量的高质量效果，也难免会因发展太快而脱离现实，因此微博应急科普传播应该更加注重以内容为本，强调账号特色，为宣传开辟道路，同时强调原创性，为可持续发展提供可能。

未来应急科普内容不应该被单纯地定义为一种有关教育的科普信息，应该兼具艺术性、实用性与通俗性，在各种各样的媒体宣传中占据一定地位。这就需要应急科普工作人员深耕应急科普内容，掌握好各个账号的主旨与目标，更改写作文风，力求以文章笔力来吸引读者、影响读者。另外，在其他传播方式中也应该兼具雅俗、突出主题，细化内容主旨，并将需要传播的信息进行分层编辑，针对不同的读者采用不同的宣传方式。

（二）各类型微博媒体间合作更密切

微博的开放性使得各个微博账号之间不可避免地出现了很多联系的机会，账号之间的互动是无法规避的，如果能正确地运用好账号之间的联系，会带来更好的传播效果，这是应急科普类微博账号需要重视的发展方向。

未来微博账号之间的沟通联系会更加频繁与多样化，无论是存留下来的传统媒体账号还是已经进行了新媒体融合的网络媒体账号都是应急科普微博账号沟通互动的目标对象。在沟通交流的过程中，应急科普微博账号可以从传统媒体账号中获知更多、更有科学保障的信息，从新媒体账号中得到更多的社会热点信息，这些信息的共享让应急科普信息更有科学性但也不缺少趣味性，传播内容更加系统化、专业化。应急科普内容的编辑可以借鉴“新闻”的编辑方式，丰富传播方式，构建全新的编辑体系，打破原有僵化的文本内容，更加契合新媒体时代受众的阅读方式和理解能力。通过多方的共同努力，应急科普微博的发展模式会更快地走向成熟，从一般性的内容传播中脱颖而出。

各种微博账号所面对的是不同的受众，在联系和沟通交流的过程中，各微博账号受众形成一种群聚现象，重新整合成新的受众群体。这种新的受众群体人数更多，所涉及的范围更广，因此需要进行进一步的受众分层与受众刻画。这就需要各种账号之间针对受众进行有效沟通，从而重新进行受众精准刻画，将协同发展作为目标，相互提供各种有关运营发展的保障类信息，实现互利共赢。各微博媒体共同发展，取长补短，才能使应急科普传播取得更多优势，对受众的生产生活产生积极的影响。

（三）线上线下结合，新闻与知识结合

上文所提到的各微博账号之间的沟通协作可以归类于线上活动，但即使是新媒体传播时代也不能忽略线下传播的有效性和实用性。因此，应急科普账号的发展不能忽略线上传播和线下传播的融合，利用两种手段的优势部分，整合出一种更适合新时代发展的传播方式。在微博App之中，虽然应急科普传播的内容在采访、编辑、写作、评论等的过程中都是结合社会实际，不会缺少工作人员类似记者的实地采访，但是展现在微博之上就很容易被认为是仅仅存在于网络的虚拟宣传，是受众无法亲身体验的。目前，一些非官方应急科普微博账号比官方微博账号更迅速地意识到了这个问题，时常会举办一系列的线下科普活动，例如，科学松鼠会举办大型的科普节。官方账号需要学习非官方账号的先进性，即使没有过多的精力“寓教于乐”，也应该寻找合适的时机举办应急科普讲座、应急科普研讨会等可以面对面进行的活动。在这些活动结束之后，更要做好转移回线上的工作，延长线下活动的讨论时长，确保与会成员可以充分吸收应急科普内容，确保成员能够知晓活动情况，为之后的线下宣传打下基础。

无论是线上还是线下的活动都要脱离单纯的学术说教，尽可能与受众

的生产生活紧密相连，因此最好的方式就是联系新闻热点，将新闻变成知识，将知识变成常识，以层层递进的路径吸引大批受众。应急科普新闻体现出受众生活中所遇到的问题与困难，应急科普就是为解决这些问题和困难而存在的，所以具体的解决方法可使受众迅速将一些文字内容变成生活实践，能起到很强的指导作用，也直接体现了传播的有效性，为受众所消化、理解。于是，枯燥乏味的书面知识成果通过“新闻”方式内化，将“知识”变为“常识”。

应急科普从线上走到线下，从新闻变成知识是一条发展的必经之路，是走向受众实际生活的必然途径，是日常化、亲民化的表现，在方便受众接受科普的同时满足受众的生活需要。

第三节　应急科普短视频创作

一、应急科普短视频的特点

自2016年以抖音为代表的短视频App出现之后，短视频的传播方式也随之发展进步。从拍摄形式、拍摄内容、拍摄方法到视频艺术、视频主题、视频结构，短视频不是单纯地展现内容，而是结合了艺术创作性与内容丰富性的多元化传播形式。应急科普利用短视频的传播方式进一步推进发展具有必然性，符合当下的受众阅读习惯与能力。

应急科普短视频正在努力向优秀的短视频作品靠近，目前也拥有了一定的成果，展现出了一些特点：

（一）公共交互特性

目前影响力较大的各种社交媒体都是支持短视频传播方式，短视频同样继承了社交媒体的公共性和交互性，用户可以针对短视频内容进行点赞、评论、转发、下载等行为，甚至可以跨平台转发传播。应急科普短视频同样具有良好的传播优势，传播范围进一步扩大，理论上是可以涵盖整个互联网媒体。借用公众所固有的社交关系进行互动转发是应急科普短视频广泛传播的重要途径。

（二）传播内容通俗性

短视频传播与文字传播相比更加直观，视觉接触内容比文字内容更加通俗易懂，应急科普短视频在通俗性特征上与娱乐性短视频一脉相承。一般的短视频时长集中在15秒到30秒，或4分钟到5分钟左右，如此短的时间内所包含的内容通常也不多，因此必须用最简明的方式来展现内容，用几个字或几句话把想传播的内容表达清楚。应急科普短视频更倾向于基础科普，面向大众进行传播，在应急科普的大众化普及上发挥着重要作用。

（三）制作成本可控性

短视频在时长、拍摄技术、拍摄内容等方面都可以由个人进行制作，与电影电视剧相比可控性很强，没有较长的制作周期，人力物力财力都可以被压缩，制作难度不高，制作门槛很低。很多的独立短视频制作者只需要一部手机、一台电脑、一个视频剪辑软件就可以产出内容，并主动上传在社交媒体平台之上，很少会受到各方的限制影响，因此生产速度会非常快，数量非常多。应急科普短视频的制作也是如此，寻找到可拍摄的素材进行拍摄，进行简单的后期编辑，就可以很快发布出去。

二、应急科普短视频的问题

应急科普短视频有着可观的发展前景，但在发展过程中也暴露出一系列不可忽视的问题：

（一）艺术创作性不足

短视频的发展速度非常快，数量增长也同样快，同时短视频的质量也良莠不齐。短视频作为数字化视频内容，与微电影有着异曲同工之妙，但在现实操作中经常出现的内容却仅仅是镜头瞄准拍摄对象，不加变动和修饰地拍摄之后直接公开上传。短视频内容成为事实记录，流水账式的行文没办法吸引到更多高质量用户，甚至还会造成受众的困惑。短视频创作可以看作是在为受众完整地讲一个“故事”，艺术手法穿插其中完整地为受众讲清来龙去脉，调动受众情绪，为受众营造情绪环境。但目前来看，应急科普短视频并没有很好地把艺术创造性与科学普及相结合，没有达到高质量用户的欣赏水平。

（二）拍摄准备不足

目前应急科普短视频内容拍摄非常具有随意性，几乎是零策划的情况，没有完整地了解到所拍摄内容的背景、主题，无法应对拍摄现场所出现的各种突发情况，最后会导致无效拍摄或拍摄内容主题不突出等问题，没有办法清晰讲述事件的来龙去脉，在进行专业性较强的应急科普时甚至会影响内容的科学性，从而造成传播效果出现偏差。

未加前期策划的视频作品从拍摄脚本、镜头画面等各个角度来看都是潦草的，不精致的画面无法从众多的短视频当中脱颖而出，无法在短时间内吸引受众注意力的视频会失去更多的流量推送，阻碍应急科普传播。

（三）编辑制作精细度不足

应急科普短视频在短时间内让受众了解应急科普内容，对知识性内容进行记忆。这类的应急科普视频与电影电视剧视频一样在视频编辑软件中制作完成，但关注重点在各个片段之间衔接之上，使得整个视频作品能够具有逻辑性，内容合理完整。

目前应急科普短视频的问题主要集中于两点：一是同一视频中各个片段独立，与前后联系较少；二是视频不分片段，内容冗长，没有重点。这两个问题都是因为缺少根据主题进行策划的脚本，没有进行逻辑结构编辑，因而无法让受众快速知晓内容逻辑，无法更深入地了解视频内容。

以上问题在一定程度上影响了当前应急科普短视频的传播，但同时也为其未来发展指明了方向。

三、短视频应急科普的创作

（一）应急科普短视频的未来发展方向

首先，短视频不应该局限在“短视频”的定位，如今受众品位在提升，过于粗糙的制作会让受众产生厌烦心理，“短视频”应该将标准看向“电影”“电视剧”，尤其注重视频内容的故事脉络。短视频不是在“记录”而是在“叙述”，将“叙述”做好需要完整的脚本构建，甚至制作相应的剧本，区分拍摄者与制作者。各工作人员应对内容有相对一致的把握，突出重点内容，制作出精良的作品。受众是可以通过画面细节来辨别制作用心与否的，良好的画面展现更容易吸引高质量受众，增加受众黏性，提升传播效果。

其次，短视频内容不应该“口水化”，随着社会的进步，受众本身的知识素养都得到了大幅度的提升。因此，即使短视频画面制作得再精良，受众已经十分熟悉的常识性应急科普内容也无法满足受众的需要。应急科普短视频需要深入剖析专业性内容，尤其是受众所不熟悉或没有办法融会贯通的内容，真正向受众进行知识输出。应急科普短视频所展现的内容得到升华，能够吸引部分优质受众，评论、转发等互动内容也会随之增加，对扩大媒体知名度、提升媒体权威性等方面都会提供有效帮助。

最后，虽然短视频制作以方便快捷为特点，但应急科普短视频作为专业性内容传播在拍摄方式与设备上同样应该有着专业性保障。使用专业的拍摄设备能够为视频画面的分辨率提供保障，高清内容对受众的吸引程度不亚于拥有精良特效的电影对受众的吸引程度。虽然短视频受众对画质没有绝对性要求，但高清画面为受众的进一步了解提供了契机，观看更顺畅、视觉体验感更好，都是应急科普短视频可以在受众心中得到“加分”的项目。

（二）短视频应急科普的具体制作方式

1. 前期策划

短视频的前期策划主要集中在脚本与剧本的写作，剧本用于明确短视频内容，脚本是将作品主题、内容、设计风格、布局等内容以表格方式展现出来，指导从前期拍摄到后期编辑的短视频制作全过程。

2. 文字编辑

前期策划中，在设置好策划表格形式之后填充的内容直接影响短视频的最终成品，因此处理好各种细节，考虑到脚本的实际操作性是非常必要的。第一步要将脚本分类，主要分为声画式和提纲式两大类。声画式脚本以全面的视角对应用操作进行指导，画面和解说词要分栏对应，逐帧进行细致划分，一般是根据确定的主题进行画面拍摄之后配上合适的解说词，甚至解说员的声音都要包括在内。提纲式脚本相对来说限定性没有那么强，操作者可以根据现实情况进行灵活调整。应急科普短视频的制作者在使用提纲式脚本时不能缺少拍摄计划，在发现拍摄线索、确定拍摄主题之后也要尽快制定可实行的拍摄目标和拍摄计划，规范拍摄细节，为最后成品质量提供第一重把关。

剧本对文字的要求更高，主要是利用台词对白等来塑造人物形象，以描写的方式表述画面场景以及体现人物动作。剧本的文字不仅要求能体现剧情，还要有一定的写作文笔，进行形象视觉塑造，剧本所展现出来的代入感和想象力越强，落实到拍摄实践时的效果就会越好。除此之外，剧本能够将策划人最想表达的内容完整展现，包括其中的逻辑关系与具体细节。应急科普短视频剧本的筹备可以有效地帮助策划人捋顺拍摄思路，甚至在剧本编辑过程中补充增加各种细节，使内容更全面，减少漏洞，提升科学性。

后期编辑文字的过程与前期策划相比更需要工作人员的细心与耐心，校对与时间轴比对工作需要花费大量时间来进行，一旦发现不合适的文字还要整理与修改，重复多次选择最契合视频主题风格的文字内容。

3. 镜头编辑

镜头的编辑是整体策划为具体实施服务的重要环节，这要求编辑策划时将分镜头具体落实在脚本之上，针对剧本中特别强调的人物和画面进行特别强调。拍摄者的镜头感很重要，要求在拍摄前就能准确掌握视频主题，并具备一定的审美能力，在开始拍摄之后能够对现场进行把控，分辨出什么是有用素材，不同的拍摄对象应该用不同的拍摄手法。应急科普短视频想要在质量上得到提升，合理运用长镜头、短镜头、运动镜头、静止镜头、全景镜头、特写镜头等镜头类型，并进行有效整合，是最有效的办法。

不同的镜头能够传递出不同的情绪，为受众营造出不同的感受。以“科普中国”在哔哩哔哩App上于2022年6月27日发布的“河南持续高温引发热议”视频为例，视频在介绍“气温”“地表温度”“体感温度”“卫星遥感监测温度”时分别使用了对百叶箱温度计采用推镜头拍摄，对水银温度计采用静止镜头拍摄，对室外采用移镜头拍摄，对大范围景观采用航拍全景拍摄。这样不同的拍摄角度和拍摄方式分别展现出了这四种温度的测量方式的不同，迎合了受众的认知概念，直观展现各种有关温度名词的特点，又用镜头的隐喻表现高温天气下人的感受。这样的拍摄方式能够引起受众的兴趣，产生共鸣，提升传播效果。

镜头的编辑有时比文字还需要前期构建，统筹兼顾了镜头素材之后能使摄影师胸有成竹，应该在何时何地留出更长的时长，什么样的镜头是无用镜头，什么样的空镜头更有利于片段之间的过渡，为现场的随机应变提供更多的保障，也为后期编辑制作打下很好的基础。

4. 画面建构

画面的建构不仅仅局限于镜头的运用，还要考虑画面的艺术性和美观性，例如光线的运用，特效的运用，滤镜的运用，等等。随着短视频平台的特效的发展，画面除了表现事件以外，还有吸引受众的职能，画面美观更容易提高传播质量，吸引受众。

光线是保证画面清晰和清透的前提，应急科普类视频不是纪录片，需要完全呈现事件的原本细节，甚至连色差都不能有，应急科普类视频若适当使用拍摄影视剧作品的工具，如打光板，会使得视频作品质量更高。

特效和滤镜等的运用更针对在应急科普视频中出镜的人，尤其是进行采访和接受采访的双方。如今的直播行业发展得如火如荼，天津消防的消防员开启直播讲解消防知识，并在线连麦检查安全隐患。在直播过程中“蓝朋友”用风趣幽默的语言介绍知识，使用直播平台自带的特效和滤镜或搞笑或帅气地与观看直播的网友们互动。这些特效与滤镜用于有人物出镜的应急科普视频中，往往也会产生意想不到的效果。

5. 音频处理

在应急科普短视频的制作中，音频占有着很重要的地位，环境音、受访者原音、后期配音都是不可或缺的内容。在音频处理的过程中，收录和编辑两大重要环节，二者缺一不可。

从收录步骤来看，应急科普的现场，尤其是一些突发事件的发生现场，对收音的要求非常高，既要收入现场环境中的自然音，例如起火声、燃烧声等，也要收入现场人声、指挥救援声、呼救声。这些声音可以配合画面完整地表现出事故现场的情况，使观众有着强烈的真实感。但这些声音从现场直接收录而来经常十分嘈杂，没有重点突出，因此，对音频的后期编辑就起到了筛选加工，突出重点、要点的作用。

如果将现场所有收录到的声音都运用到视频当中，会因要素太多太集中而使观众失去耐心，拒绝继续观看视频。同期录音的视频作品，在编辑素材时，不仅要注意画面的衔接，还要注意声音的衔接，增加和删除都要契合视频画面，避免突兀。非同期录音需要进行配音，对后期编辑的要求更高，是否使用音频效果、立体声制作、应用音乐特效等都需要根据视频整体风格进行考虑取舍。

经以上步骤处理之后，用视频编辑软件将完成品导出，并选择相应的平台进行视频发布。细数当下主流的视频平台，主要分为内容平台，如优酷、腾讯、爱奇艺，和渠道平台，如抖音、快手。这些平台各有各的优势，应急科普视频制作方应把握好视频的基调与分发平台相适应，以找准受众群体，进行高效传播。

第五章

应急科普制作的新媒体技术

第一节　应急科普新媒体图文排版

一篇好的文章不仅仅是优质内容输出的产物，更是图片与文字相得益彰、和谐共生地视觉呈现。如果说一篇好的内容是吸引读者深入阅读的钥匙，那么图文排版就是摆放在读者面前的一扇大门，而外观精致的大门前从不缺少驻足欣赏的旅客。尤其在制作应急科普文章的过程中，适应读者阅读习惯的排版方式能够帮助人们更好地理解科普知识，强化内容记忆点。

那么，如何更好地让应急科普类文章与新媒体图文排版规范相适应？如何借助新媒体的图文呈现优化科普文章传播效果？这些问题需要我们在迭代的新媒体技术中不断地思考。

一、应急科普新媒体图文排版的意义

作为新媒体图文制作的重要一环，排版的意义一共有三点。

1. 提升阅读体验

排版是为了内容而服务，其最终的目的并不仅仅是追求漂亮，而是通过排版，满足用户的阅读需求，提升阅读体验。就应急科普类文章而言，

排版的关键是要将用户的兴趣与知识点相结合，从而减少读者的阅读压力，增加读者对文章逻辑链条的理解，最终能够完成阅读，获得知识满足感。

2. 强化品牌感知

一个成熟的公众号在长期运营过程中会形成鲜明的风格体系，其排版设计与品牌风格保持高度统一。排版样式不仅能体现出单篇文章的风格，也彰显了整个公众号的品牌定位。让用户在每次文章推送中，形成对品牌形象的初步认知，继而对品牌价值产生认可，最终成为品牌的忠实用户。

3. 引导用户行动

对于应急科普类文章来说，排版不仅是为了让读者流畅地阅读，更要完整准确地向读者传递信息。因此，文章需要通过配图、动画、突出等排版方式来强化内容信息点，作为文字的补充解释，让读者更快速地接收理解信息，进而引导目标用户产生“关注、评论、转发”等行为。

二、应急科普新媒体图文排版的流程

无论任何工作，执行前的策划都能帮助我们对项目的发展形成一个大概的预测，也能帮助我们更好地查漏补缺，预测执行过程可能出现的问题，并提前做好应对措施，排版亦是如此。

1. 策划阶段（Plan）

内容重构：划分内容段落。将长篇文章根据内容划分成多个段落，依据关键词概括小标题，标注重点信息。

风格定位：明确文章类型。这篇文章是日常科普，还是文件公告？是新闻快讯，还是突发报道？确定排版风格偏严肃性或是日常性。

2. 执行阶段（Do）

控制篇幅：新媒体文章为了适应手机阅读短小精悍的特点，在字数上有一定的限制，通常控制在2000字到3000字，不宜过长。

划分区块：使用小标题将长篇文章划分成三到五个部分，通常采用总—分—总结构，合理使用序号可以使文章结构更加清晰。

图文搭配：在理解文章内容的基础上，制作或寻找相应配图。比如，防火科普类文章可能需要火灾示例图、灭火器使用图、易燃易爆物品图等。

3. 审阅阶段（Check）

预览文章整体排版风格，感受是否与文章内容相适应，表现为视觉体验是否舒适，阅读是否流畅，内容重点是否突出，文章配图是否契合。亦可发给其他人共同预览，从他人视角找出问题。

4. 复盘阶段（Act）

在经过一段时间文章推送以后，会形成相对固定的排版框架。通过数据分析，保留合理的排版样式，摒弃不符合用户习惯的部分，最终形成一套短时间内较为合理的排版规范。之所以说短时间，是因为随着移动端阅读的发展，用户习惯也会相应改变，因此，新媒体图文排版需要灵活调整。

三、应急科普新媒体图文排版的技巧

视觉元素在移动端阅读方面占据着重要地位，页面呈现效果带给用户的第一印象，决定着用户的去留与后续的满意度。随着微信公众号的发展，用户逐渐培养了一定的阅读习惯，这为以后的创作者提供了一些排版经验与技巧，以供参考。

1. 模块

内容重构，划分文章模块并为每部分内容提炼一个小标题，字数不宜过长，也可直接使用序号进行划分，这样做有利于读者厘清文章逻辑，如

图5-1所示。

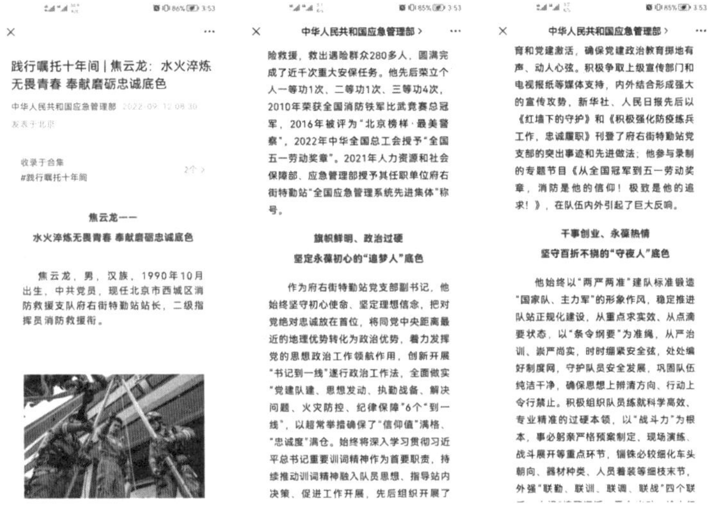

践行嘱托十年间 | 焦云龙：水火淬炼无畏青春 奉献磨砺忠诚底色

中华人民共和国应急管理部 2022-09-12 08:30

发表于北京

收录于合集
#践行嘱托十年间 2个 >

焦云龙——
水火淬炼无畏青春 奉献磨砺忠诚底色

焦云龙，男，汉族，1990年10月出生，中共党员，现任北京市西城区消防救援支队府右街特勤站站长，二级指挥员消防救援衔。

中华人民共和国应急管理部 >

险救援，救出遇险群众280多人，圆满完成了近千次重大安保任务。他先后荣立个人一等功1次、二等功1次、三等功4次，2010年荣获全国消防铁军比武竞赛总冠军，2016年被评为"北京榜样·最美警察"，2022年中华全国总工会授予"全国五一劳动奖章"。2021年人力资源和社会保障部、应急管理部授予其任职单位府右街特勤站"全国应急管理系统先进集体"称号。

旗帜鲜明、政治过硬
坚定永葆初心的"追梦人"底色

作为府右街特勤站党支部副书记，他始终坚守初心使命、坚定理想信念，把对党绝对忠诚放在首位，将同党中央距离最近的地理优势转化为政治优势，着力发挥党的思想政治工作领航作用，创新开展"书记到一线"遂行政治工作法，全面做实"党建队建、思想发动、执勤战备、解决问题、火灾防控、纪律保障"6个"到一线"，以超常举措确保了"信仰值"满格、"忠诚度"满仓。始终将深入学习贯彻习近平总书记重要训词精神作为首要职责，持续推动训词精神融入队员思想、指导站内决策、促进工作开展，先后组织开展了

中华人民共和国应急管理部 >

育和党建激活，确保党建政治教育掷地有声、动人心弦。积极争取上级宣传部门和电视报纸等媒体支持，内外结合形成强大的宣传攻势，新华社、人民日报先后以《红墙下的守护》和《积极强化防疫练兵工作，忠诚履职》刊登了府右街特勤站党支部的突出事迹和先进做法；他参与录制的专题节目《从全国冠军到五一劳动奖章，消防是他的信仰！极致是他的追求！》，在队伍内外引起了巨大反响。

干事创业、永葆热情
坚守百折不挠的"守夜人"底色

他始终以"两严两准"建队标准锻造"国家队、主力军"的形象作风，稳定推进队站正规化建设，从重点求实效、从点滴要状态，以"条令纲要"为准绳，从严治训、崇严尚实，时时绷紧安全弦，处处编好制度网，守护队员安全发展，巩固队伍纯洁干净，确保思想上辨清方向、行动上令行禁止。积极组织队员练就科学高效、专业精准的过硬本领，以"战斗力"为根本，事必躬亲严格预案制定、现场演练、战斗展开等重点环节，锱铢必较细化车头朝向、器材种类、人员着装等细枝末节，外强"联勤、联训、联调、联战"四个联

图5-1　利用小标题划分模块

2. 分段

进行合理分段，每一段控制在五行到八行。简洁的分段可以减少读者在阅读过程中产生的视觉疲劳，扩大的段落空隙能够降低大段文字带来的压迫感，如图5-2所示。

3. 配色

文章的配色体现了一个公众号的风格定位，俗话说"人靠衣装马靠鞍"，优秀的文章内容也需要色彩来

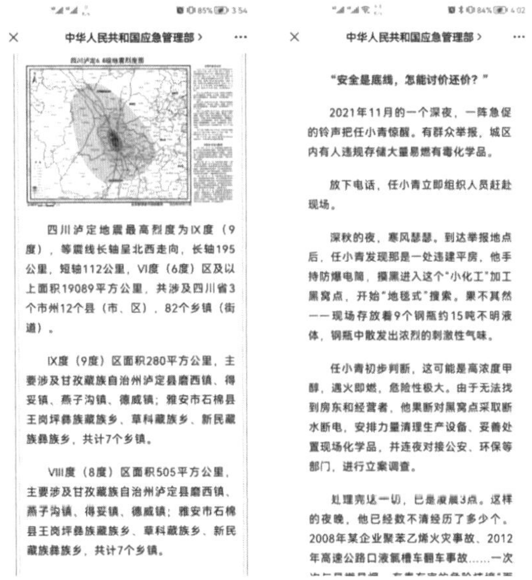

中华人民共和国应急管理部 >

四川泸定地震最高烈度为Ⅸ度（9度），等震线长轴呈北西走向，长轴195公里，短轴112公里，Ⅵ度（6度）区及以上面积19089平方公里，共涉及四川省3个市州12个县（市、区），82个乡镇（街道）。

Ⅸ度（9度）区面积280平方公里，主要涉及甘孜藏族自治州泸定县磨西镇、得妥镇、燕子沟镇、德威镇；雅安市石棉县王岗坪彝族藏族乡、草科藏族乡、新民藏族彝族乡，共计7个乡镇。

Ⅷ度（8度）区面积505平方公里，主要涉及甘孜藏族自治州泸定县磨西镇、燕子沟镇、得妥镇、德威镇；雅安市石棉县王岗坪彝族藏族乡、草科藏族乡、新民藏族彝族乡，共计7个乡镇。

中华人民共和国应急管理部 >

"安全是底线，怎能讨价还价？"

2021年11月的一个深夜，一阵急促的铃声把任小青惊醒。有群众举报，城区内有人违规存储大量易燃有毒化学品。

放下电话，任小青立即组织人员赶赴现场。

深秋的夜，寒风瑟瑟。到达举报地点后，任小青发现那是一处违建平房，他手持防爆电筒，摸黑进入这个"小化工"加工黑窝点，开始"地毯式"搜索。果不其然——现场存放着9个钢瓶约15吨不明液体，钢瓶中散发出浓烈的刺激性气味。

任小青初步判断，这可能是高浓度甲醇，遇火即燃，危险性极大。由于无法找到房东和经营者，他果断对黑窝点采取断水断电，安排力量清理生产设备、妥善处置现场化学品，并连夜对接公安、环保等部门，进行立案调查。

处理完这一切，已是凌晨3点。这样的夜晚，他已经数不清经历了多少个。2008年某企业聚苯乙烯火灾事故、2012年高速公路口液氯槽车翻车事故……一次

图5-2　合理分段

装饰。通常情况下，一篇公众号文章的配色最好不要超过三种。常见的基础配色有：正文使用黑色、灰色，标题使用红色，如图5–3配色所示。

4. **重点**

通过加粗、变色、下画线、放大、加底色等方式突出段落中的主题句或关键词，帮助读者更好地抓住段落中心，如图5–3重点加粗所示。

中华人民共和国应急管理部 >

彭兵先（左）和队员调试装备器材。

他顾不上自己的安危，却生怕队员们出一丁点意外。火场上，彭兵先一遍遍叮嘱大家注意安全防护要领，时刻关注队员动向，直至所有液化气罐全部安全转移，他才长舒一口气。

没有人知道，厚厚的防护手套下，彭兵先的双手已经满是烫伤的水泡。

“发现问题绝不过夜”

磨刀不误砍柴工，让装备时刻处于最佳状态，是完成灭火救援任务的基础保障，彭兵先把装备器材维护做在平常、抓在经常、严在日常。

彭兵先肯吃苦、勤学习，将100余种常规器材、60余种特勤器材的性能标准、

国家地震应急响应级别提升至二级

新华社 2022-09-06 09:05 发表于北京

最新消息

国家地震应急响应级别提升至二级
国务院抗震救灾指挥部工作组紧急赴四川指导支持抗震救灾工作

应急管理部主要负责人5日连夜率由中央宣传部、工业和信息化部、公安部、自然资源部、住房和城乡建设部、交通运输部、国家卫生健康委员会、应急管理部等部门组成的国务院抗震救灾指挥部工作组，赴震区指导支持四川抗震救灾工作。

9月5日12时52分，四川省甘孜州泸定县发生6.8级地震，造成重大人员伤亡。鉴于灾情严重，国务院抗震救灾指挥部办公室、应急管理部将国家地震应急响应级别提升至二级。国家减灾委、应急管理部将国家救灾应急响应级别提升至III级。

图5–3　配色、重点加粗

5. **配图**

有新闻图片的文章可以直接在相应文字内容下方插入图片，并在图片下方附注小字用以解释图片内容，比如给人物图片标注姓名。

没有配图的文章可以在图库网站下载相关图片，要尊重版权，合法使用。

使用图片分割文章内容，也能缓解读者阅读长篇文章的焦虑。

6. **留白**

排版过程中的留白体现为空格、空行、字间距、行间距、段落间距以及两端缩进。合理安排文章留白能够为用户设置阅读缓冲区，能够提高用户的阅读耐性，从而提升阅读完成率。图5-4为微信公众平台编辑器的文章留白工具。

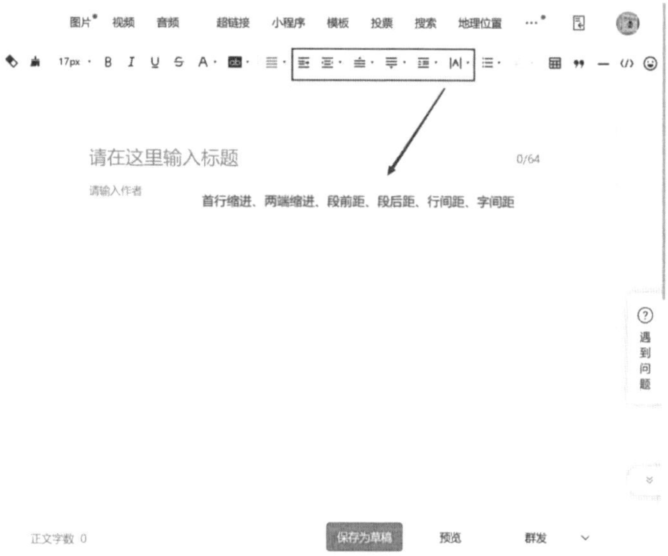

图5-4　微信公众平台编辑器文章留白工具

7. 文字

文字排版要依据公众号目标受众的阅读习惯进行设置。以老年人为目标受众的公众号字体较大，以年轻受众为主的公众号字体较小。此外，文字排版包括字号、颜色、对齐、强调、下画线、斜体等。

四、应急科普新媒体图文排版的工具

工欲善其事，必先利其器。一篇精美的图文排版，离不开简单易用、快速稳定的微信公众平台编辑器。选择一款合适的工具，不仅能够提升工作效率，而且也为文章的内容锦上添花。在这里，本书将介绍四款目前常用的图文排版工具。

1. 135编辑器

135编辑器是一个公众号文章美化工具，操作简单方便，样式丰富，模板精美，样式不断更新，在特定节日会推出主题样式。与此同时，也为用户提供定时群发、签名、投票、设计二维码、表单、生成永久链接等功能。图5-5为135编辑器排版页面。

图5-5　135编辑器排版页面

2. 秀米

秀米是一款微信公众号图文编辑器和H5在线制作工具，拥有海量模板素材和排版样式、强大的布局编辑功能，能够轻松制作公众号图文和H5。进入具体编辑页面后，我们可以看到最左竖排有图文模板、旧模板、图文收藏、剪贴板、我的图库等几大功能板块，在图文模板中我们可以编辑自己需要的风格，可设置模板样式、标题、图片、颜色等。图5-6为秀米编辑器排版页面。

图5-6　秀米编辑器排版页面

3. 美编助手

美编助手官方版是一款简单好用的公众号运营助手插件，是一款新媒体编辑运营工具，美编助手支持多账号管理、资讯管理、内容编辑、消息管理等功能，支持多浏览器。实时动态更新微信、搜狗、微博、百度的热门内容，提供编辑所需素材。图5-7为美编助手排版页面。

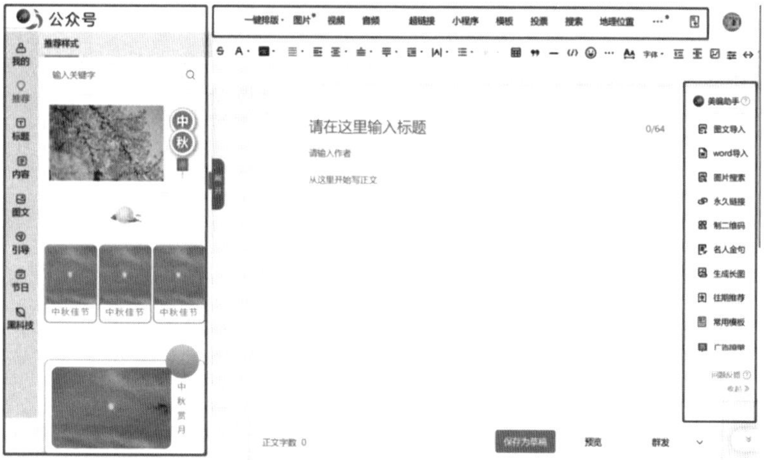

图5-7　美编助手排版页面

4. 壹伴

壹伴是一款浏览器插件，壹伴不仅可以给微信编辑器增加强大的排版功能，还能实现一键排版、数据分析、素材收集等功能。目前壹伴支持的样式包括了标题、二级标题、分割线、正文、强调、引用、图片、签名等内容，涵盖了一个公众号日常所需的全部排版格式。图5-8为壹伴排版页面。

图5-8　壹伴排版页面

第二节　应急科普新媒体图片编辑

伴随着网络信息化时代的到来，视觉文化正在改变传统文字阅读模式，图形符号凭借其生动、直观、简明、易懂的特性成为网络新媒体传播的重要呈现方式。

对于应急科普类文章而言，图片的使用能够促进信息的传递，使不同文化水平和使用不同语言的受众都容易理解文章所表达的含义。显然，相对于看一些晦涩难懂的专业介绍，人们更愿意选择一幅直观形象的图片展示。

一、应急科普文章配图的原则

近年来，应急管理工作迅速发展，涌现出众多科学研究成果，但与此同时，如何将专业性知识转化为通俗易懂的符号传递给普通大众，成了一大难题。在新媒体传播时代，通过制作高质量的科普图片能够有效解决这一问题。下面将介绍几条应急科普类文章的配图原则：

1. 准确性

准确性是应急科普配图的第一原则。应急科普文章在制作配图时，应该保证信息传递的准确性，不能为了视觉美观而舍弃画面真实，配图是为了传递信息而服务的，不能本末倒置，尤其是当涉及数据图表制作时，应该更加注意可视化方式，确保数据准确性。编辑在制作图片时应该注意科普是“科学”的普及，形式可以生动形象，但内核表达必须严谨，应该符合科学原理，注意趣味性与严谨性的结合。

2. 清晰性

配图清晰性有两层含义：一是指画面清晰；二是指表达清晰。图片画质清晰能够给读者带来更舒服的视觉体验，所以应减少使用低分辨率、带有马赛克或水印的图片，这样才能降低阅读压力，缓解读者的视觉疲劳感。应急科普类文章的配图具有较强指代性，即图文对应。读者要能够通过图片直观体会到文章所表达的内容，不能出现图片与文字不相关或曲解文字的情况。引导读者行为的图片需要步骤清楚，指示明白，比如常见的七步洗手法。

3. 普适性

应急科普类文章面向普通大众，因此配图的选取需要切合实际，充分考虑我国城乡发展不均衡的现状，避免受众因潜在的知识背景和文化差异而产生认知偏差。比如，某些应急科普文章在讲述家庭防火技巧时设置了一幅家用花瓶灭火器的使用示意图，然而对于大多数普通家庭而言，他们从未见过花瓶灭火器，所以无法从这篇文章中获得实际的应用知识。

二、应急科普图片编辑的工具

1. Adobe Photoshop

Adobe Photoshop，简称“PS”，是由Adobe Systems开发和发行的图像处理软件。Photoshop主要处理以像素构成的数字图像。使用其众多的编修与绘图工具，可以有效地进行图片编辑工作。PS有很多功能，在图像、图形、文字、视频、出版等各方面都有涉及。Photoshop是目前公认的最好的通用平面美术设计软件，它的功能完善，性能稳定，使用方便，所以在几乎所有的广告、出版、软件公司，Photoshop都是首选的图像处理工具。图5-9为Adobe Photoshop的主界面。

图5-9　Adobe Photoshop的主界面

2. 光影魔术手

光影魔术手相对于PS而言更加简单、易用，不需要任何专业的图像技术，你就能够轻松制作出专业胶片摄影的色彩效果，是一款针对图像画质进行改善提升及效果处理的软件。它具有很多独特的功能，比如：反转片效果、黑白效果、数码补光，最重要的就是批量处理功能超级强大，能够满足绝大部分的需求，而且免费使用，其大小不到50M。图5-10为光影魔术手的主界面。

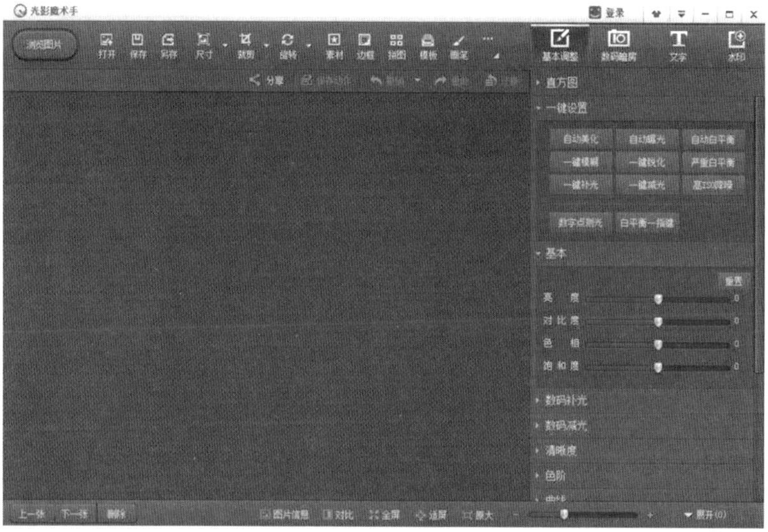

图5-10　光影魔术手的主界面

3. 创客贴

创客贴是一款多平台（Web、Mobile、Mac、Windows）极简图形编辑和平面设计工具，是一站式在线设计平台，覆盖创意全场景、全流程。用户可使用创客贴提供的大量图片、字体、模板等设计元素，通过简单的拖、拉、拽就可以制作出自己所需要的图片或设计。图5-11为创客贴的主页面。

图5-11　创客贴的主页面

4. 稿定设计

稿定设计是一个功能强大的在线设计平台，能够快速进行图片和视频编辑，拥有海量模板库，拥有高协同的设计工具和产品矩阵搭建，几乎满足各类视觉设计应用场景。海报、PPT、公众号配图等海量模板快速出图。三秒抠图实用便捷，抖音快手热门视频轻松搞定。图5-12为搞定设计的主页面。

图5-12　搞定设计的主页面

三、应急科普图片编辑示例

创客贴是一款快捷、好用的新媒体图片在线编辑工具，下面就以创客贴为例，介绍制作新媒体文章、图片的常用方法。

1. 使用创客贴制作公众号首图

步骤一：打开创客贴网站主页，注册或登录账号，在左侧菜单栏里，单击“创建设计”，如图5-13所示。

图5-13 创建设计

步骤二：下滑页面，找到“新媒体”分区，确认尺寸后，单击“公众号封面首图”，如图5-14所示。

图5-14 公众号封面首图

步骤三：在页面中间找到“开启空白画布”，再次确认尺寸后单击，如图5–15所示。

图5–15　开启空白画布

步骤四：页面左侧为工具栏，可以直接搜索使用适合的模板，如图5–16所示。在左侧工具栏中单击“背景”，在主题颜色处选择所需颜色，如图5–17所示。

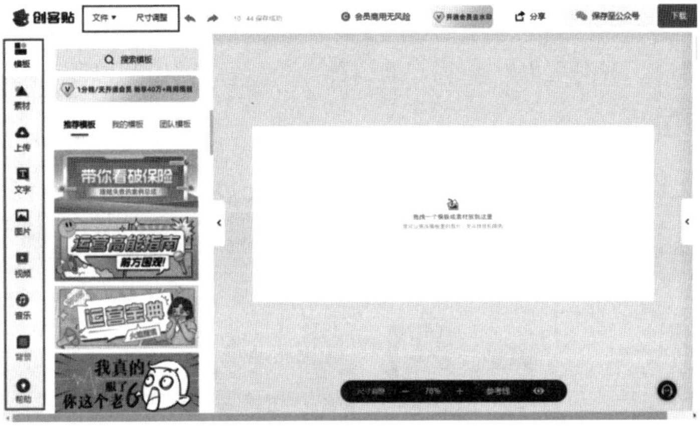

图5–16　编辑操作界面

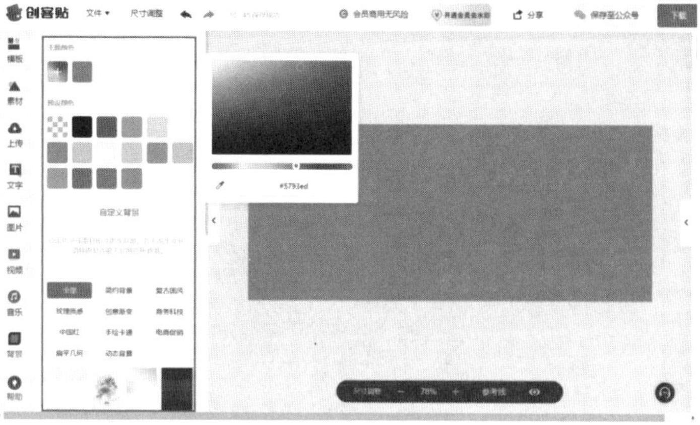

图5-17　添加背景

步骤五：在左侧工具栏中单击“文字”，单击“添加标题文字”，即可在图片中添加文字，选中已添加文字，在上方工具栏中点击“特效”，即可根据需要调整字体样式，也可在上方工具栏中调整字体、字号、粗细、对齐及间距等。页面右上方可以进行图层复制、调整图层顺序、不透明度、镜像、投影、锁定及删除，如图5-18所示。

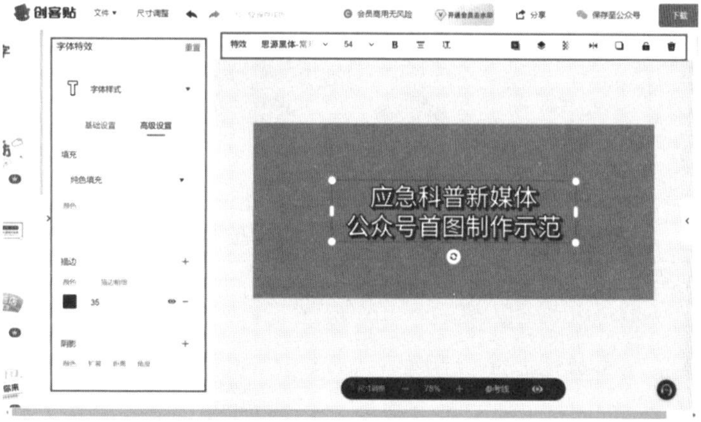

图5-18　添加文字

步骤六：在左侧工具栏中点击“素材”，可以自己制作或使用材料库中已有素材，如图5-19所示。单击“形状”，选择“长方形”，通过鼠标移动调整到合适大小，选中图形，点击上方白色正方形按钮可以调整图形颜色及透明度，右击图形，单击“下移一层”，如图5-20所示。

图5-19　添加素材

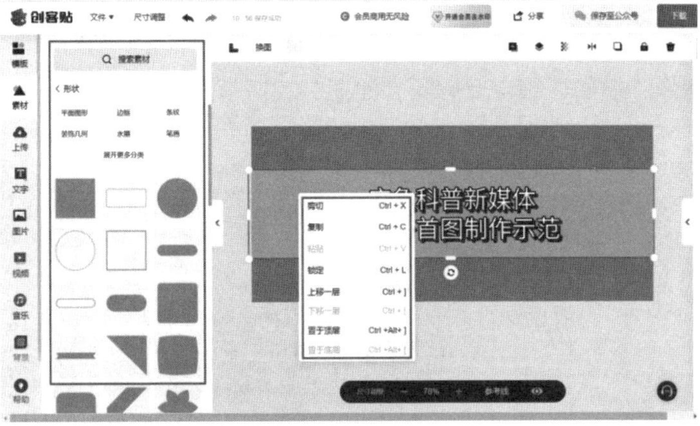

图5-20　添加长方形图片

步骤七：在素材搜索框中输入“科普”，选中想要的素材，拖入图片，调整大小和位置，如图5-21所示。

图5-21　添加素材

步骤八：在右上方工具栏中可以选择分享或下载图片、保存至公众号。点击“下载”，选择文件类型及尺寸后下载保存图片至电脑，一张简单的公众号首图就制作完成了，如图5-22所示。

图5-22　下载图片

2. 使用光影魔术手处理图片

下面使用光影魔术手对图片进行基础编辑，如图片裁剪、特效边框、自定义绘图、自动抠图、图片压缩等，具体方法如下。

步骤一：打开软件“光影魔术手”，单击上方工具栏中的“打开”，选择“桌面\动物.jpg”，在上方工具栏中单击“裁剪”，拖动裁剪框设置要保留的区域，然后单击“确定”按钮，如图5–23所示。也可以按照固定宽高比例进行裁剪。

图5–23　裁剪图片

步骤二：在右上方工具栏中单击“基本调整”按钮，利用右侧工具栏按钮，对图片进行色彩调整，如图5–24所示。

图5–24　图片色彩调整

步骤三：展开上方工具栏中的“边框”选项，单击“撕边边框”，从右侧选择合适素材美化图片，在左侧调整边框效果，如图5–25所示。

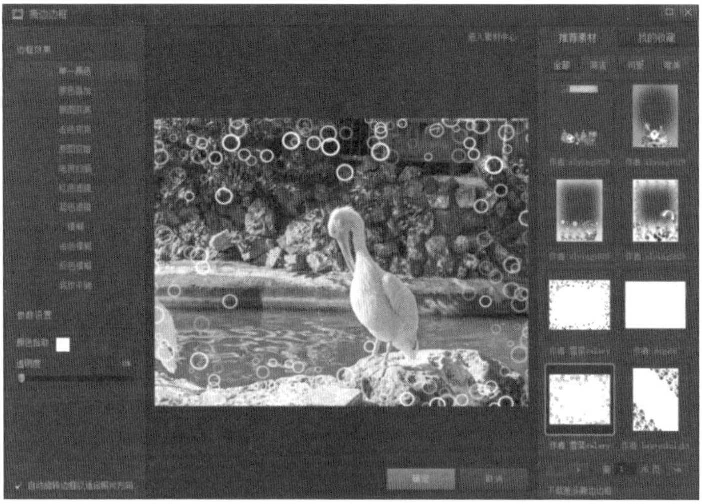

图5-25　边框效果

步骤四：在操作页面上方单击“...”展开上方工具栏，选择“抠图”按钮，使用绿色“选中笔”划过要保留的部分，使用红色“删除笔”划过不需要的部分，当淡蓝色背景基本覆盖要删除的区域后，单击“替换背景”，如图5-26所示。然后，利用右侧工具可以替换背景，也可以对前景进行细致抠图、羽化及调整透明度的操作，如图5-27所示。

图5-26　自动抠图

图5-27　抠图细节处理

步骤五：单击顶部工具栏“画笔”按钮，使用右侧画笔工具在图片上绘制图形，绘制完成后，点击“确定”结束，如图5-28所示。

图5-28　画笔工具

步骤六：点击“保存”按钮，在弹出的提示框中，通过设置文件大小来压缩图片质量，最后单击“确定”保存图片，如图5-29所示。

图5-29　压缩图片大小

四、应急科普动图制作

在移动端阅读时，动态图形的直观感和信息量要大于文字和图片。一方面，动图能够吸引受众的注意力，增加文章的趣味性，同时也能增强受众对品牌的印象，比如，应急管理部公众号经常使用卡通形象的动图，提示人们注意日常安全，如图5-30所示。另一方面，动图能够化繁为简，通

图5-30　动图示例

过让画面动起来，将更准确的消息传达给受众。

1. 动图制作的基本原理

动图的原理类似于定格动画，通过快速连续播放画面从而形成一种连续的动态感觉，即一种由一帧帧图片组合而成的图片类型，所以GIF（图形交换格式）的修改都是一帧一帧进行的，GIF图的大小也会受到帧数的影响。

GIF的制作分为两部分：获取素材和后期压缩。制作GIF的原素材可以是图片或视频，逐帧修改后形成GIF动图。因为不同平台对GIF默认尺寸、大小要求不同，因此压缩也是制作GIF动画的重要环节。

2. 动图制作的常用工具

要想迅速高效地制作GIF动图，离不开一些简单好用的制作工具，下面将介绍四种常用的新媒体动图制作工具。

（1）ScreenToGif——GIF视频录制、编辑软件

ScreenToGif是一款能够把屏幕内容录制成GIF动图的软件，它拥有四个基本工具：录像机、摄像头、画板、编辑器。录像机帮助录制屏幕内容，摄像头帮助录制摄像头内容，画板帮助我们录制自己的绘画过程。前面三种工具的制作内容，都会到编辑器当中来。在编辑器中，你可以编辑前三种工具的制作内容，也可以导入其他动图来修改编辑。图5-31为ScreenToGif的主

图5-31 ScreenToGif主界面

界面。

（2）图贴士——在线制作GIF网站

图贴士（原GIF工具之家），是一款在线图片压缩尺寸大小和视频转GIF在线制作工具，支持JPG压缩、PNG压缩、GIF压缩、图片转GIF、视频转GIF等免费在线图片制作工具网。图5-32为图贴士网站主页面。

图5-32　图贴士网站主页面

（3）SOOGIF——动图搜索制作平台

SOOGIF不仅是一个动图搜索平台，还是一个聚合新媒体内容的素材库和表情包的发源地。在内容制作方面，SOOGIF的主要做法是通过在网络上大量抓取内容，对其标签化和结构化，满足用户对尺寸和关键词搜索的需求。不仅如此，SOOGIF涵盖了大量实用工具：GIF编辑器、图片转GIF、视频转GIF等。图5-33为SOOGIF网站主页面。

图5-33　SOOGIF网站主页面

（4）Docsmall——在线GIF压缩网站

Docsmall是一款免费的文件处理工具，可在线使用，无须登录，无须下载客服端，日常使用非常方便快捷，它支持图片压缩、GIF压缩、PDF压缩、PDF合并、PDF分割，在这里主要介绍GIF压缩功能。图5-34为Docsmall的网站主页面。

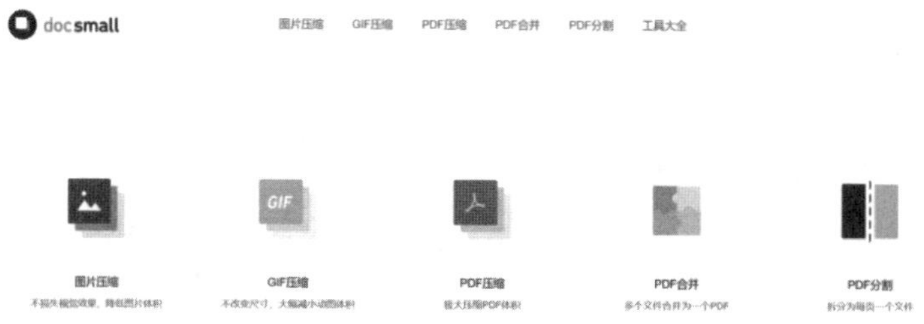

图5-34　Docsmall网站主页面

（5）视频转GIF

步骤一：搜索灭火视频，确定要制作GIF动画的视频片段，打开软件“ScreenToGif”，单击按钮“录像机”，如图5-35所示。

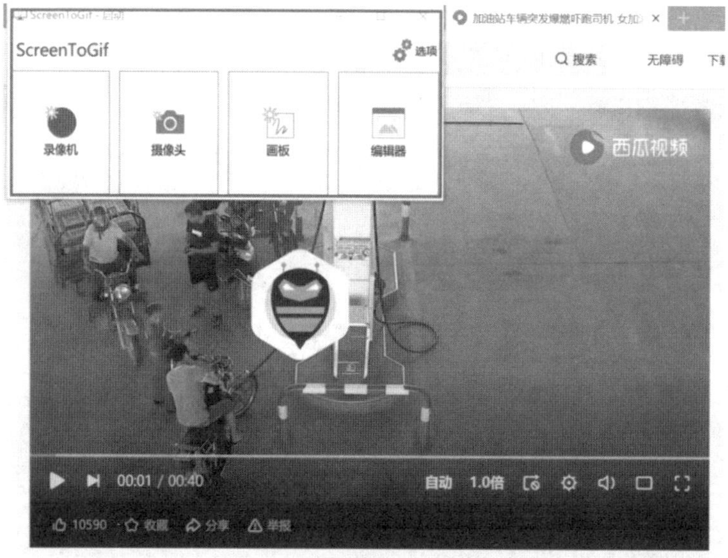

图5-35　打开软件“ScreenToGif”

步骤二：拖动鼠标调整录像框，使画面完全放进录像框内，如图5-36所示。单击右下角“录制”或按动键盘“F7”按钮开始录制，单击“暂停”“结束”或按快捷键“F7”“F8”暂停或结束录制。

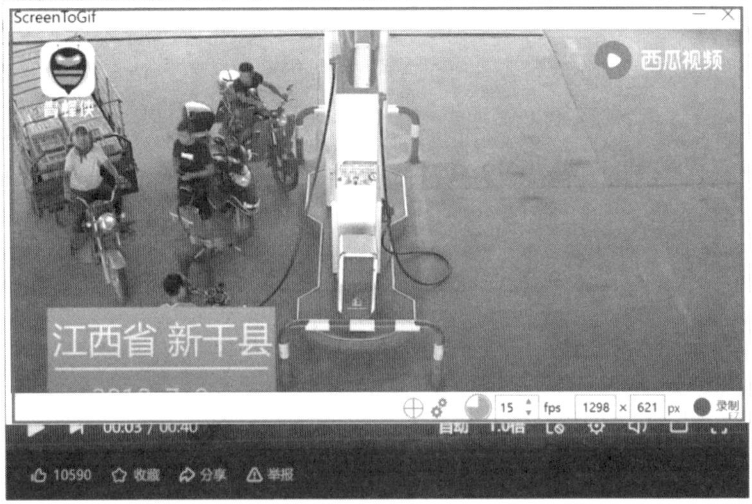

图5-36　调整录像框

步骤三：在操作界面上方工具栏中可根据需要逐帧调整视频，删减重复帧画面、调整播放速度、减少帧数等，如图5-37所示。

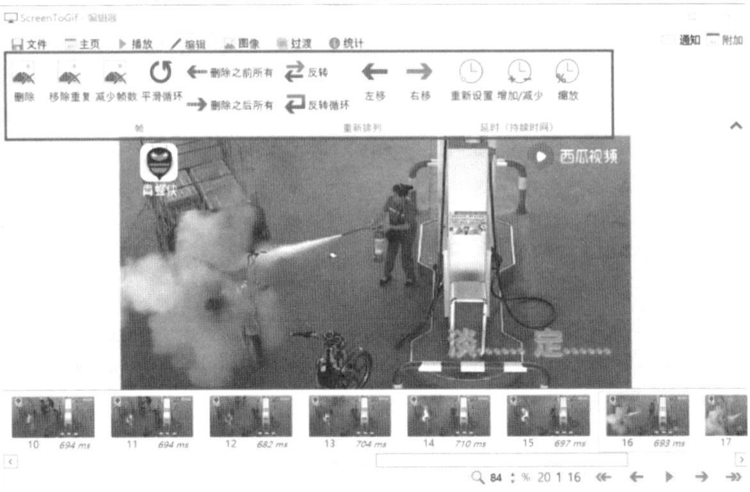

图5-37　编辑GIF动图

步骤四：GIF动图编辑完成后，点击“文件”“另存为”保存到电脑文件夹。

（6）压缩GIF动画

步骤一：在浏览器中搜索并打开网站“Docsmall”，单击“GIF压缩”按钮，导入需要压缩的GIF动画。

步骤二：根据需要调整“压缩强度”和“缩放比例”，选择完成后点击“开始压缩”，如图5-38所示。最后，下载压缩好的GIF动画。

图5-38　压缩GIF动画

第三节　应急科普短视频编辑制作

在今天，短视频产品在日常生活中随处可见，短视频因其内容投放平台广泛、呈现形式多样以及用户基数庞大而具有巨大的商业价值与文化传播价值。也正因为如此，短视频深受科普传播者的喜爱，这种新兴的传播形式已然成为新媒体受众获取科学知识的重要途径。

新媒体时代，在应急知识普及过程中，科普短视频为普通大众提供一种更直观、易懂的传播途径，使受众能够准确理解传播意图并接收传递信息，同时也满足用户碎片化阅读需求。如何制作好的应急科普短视频开展科学传播工作是每位创作者应该考虑的问题。

一、应急科普短视频制作的要点

应急科普短视频与其他类型的短视频制作要求有所区别，因其科学严谨的特点以及向普通大众传递科学知识为目的，在制作时需要兼顾科学性与通俗性。下面将介绍几点 应急科普短视频制作的要求。

1. 信息传递科学准确

应急科普短视频制作的核心在于内容，向受众传递的知识需要有大量数据以及著作文献做支撑。一部制作精良的科普短视频除了要视觉美观外，更要注重信息的专业性和科学性。当下我国科普事业蓬勃发展，公民科学素质快速提高，但同时还存在对科普工作重要性认识不到位、网络伪科普流传等问题。创作者需要在充分保障科学性的前提下，为广大受众输送正确的信息。

2. 内容语境直观易懂

视觉场景的演示能够缓解文字科普的枯燥感，通过制作动画视频，再加上配音文字，可以增强人们对科普内容的理解。动起来的卡通形象、可视化的数据呈现能够让文化程度不高的普通人也能理解视频传达的内容含义。比如新冠疫情期间，刷屏朋友圈的短视频深入浅出地介绍了新冠肺炎是如何发生、传播和感染的，在疫情暴发初期很好地缓解了人们对于未知病毒的恐惧感。回形针的科普视频注重内容逻辑与呈现，通过将具体信息拟物化，比如常见的生活物品和有质感的可视化图表，帮助受众更准确地理解内容。如图5–39所示。

3. 呈现形式新鲜有趣

目前，科普短视频通常采用卡通人物形象来讲述故事，像是给儿童看

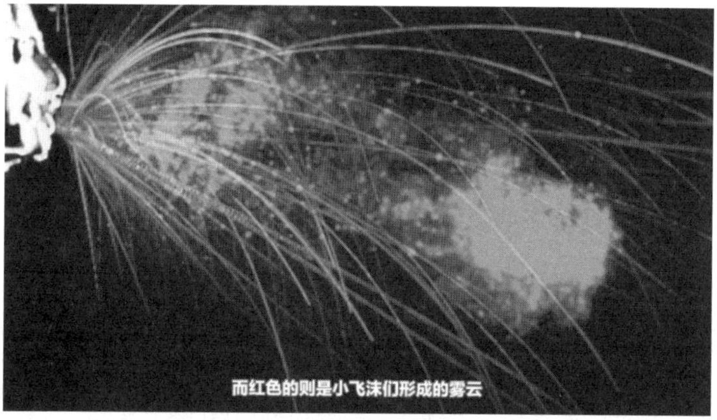

图5-39　《关于新冠肺炎的一切》科普短视频

的内容，而其他类型的视频形式是非常少的，因此应急科普短视频在这个领域还是有很广阔的发展空间。相对于那些呈现形式简单、画风可爱的动画，成年人往往更需要一些有深度、高密度的科普视频来满足个人好奇心。在自媒体3.0时代，应急科普短视频制作需要在保证高标准的制作和专业化视觉呈现效果的同时，兼具趣味性。这需要创作者不断开拓新的道路，突破风格框架，创新制作手段，打造新鲜有趣的科普视频呈现形式。

二、应急科普短视频编辑的工具

1. Adobe Premiere

Adobe Premiere是视频编辑爱好者和专业人士必不可少的视频编辑工具。它可以提升创作能力和创作自由度，是一款易学、高效、精确的视频剪辑软件。Premiere提供了采集、剪辑、调色、美化音频、字幕添加、输出、DVD刻录的一整套流程，足以完成在视频编辑、制作、工作流上遇到的所有挑战，满足创建高质量作品的要求。图5-40为Adobe Premiere的操作主界面。

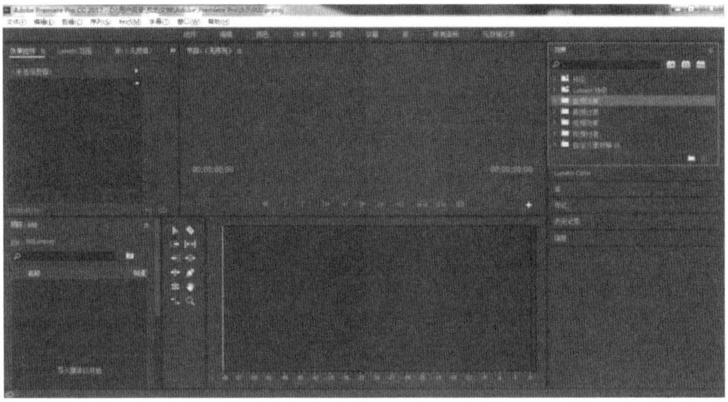

图5-40　Adobe Premiere的操作主界面

2. 剪映

剪映是抖音官方推出的一款手机视频剪辑应用，带有全面的剪辑功能，支持变速，有多样滤镜效果和丰富的曲库资源。剪映功能强大，支持叠化、闪黑、运镜、特效等多种效果；支持视频贴纸；可以设置字体风格样式；能够自动识别语音，一键给你的视频加字幕；具备画面色彩调节选项；能够智能识别脸型，开启美颜等。图5-41为剪映的初始界面。

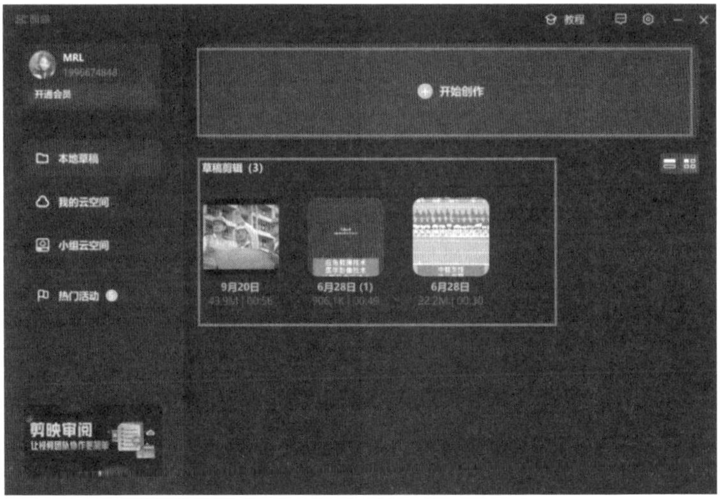

图5-41　剪映专业版初始界面

三、使用剪映制作应急科普短视频

剪映是一款极易上手的视频剪辑软件，下面将简单介绍剪映每个功能的使用操作过程。

1. 剪映专业版操作界面

剪映默认的操作界面分为四个面板：素材面板、播放器、功能面板、时间轴，如图5-42所示。

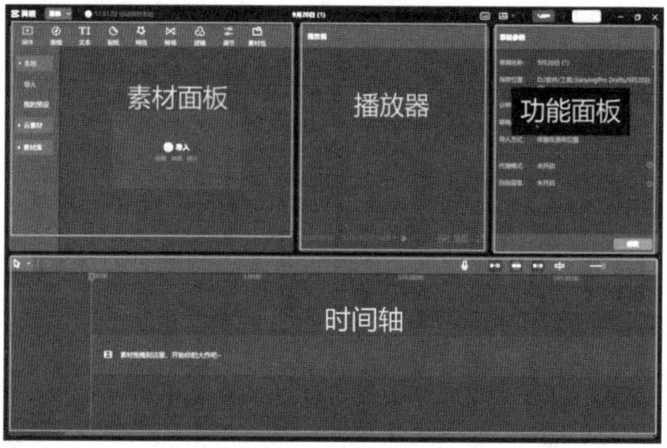

图5-42　剪映操作界面

在左侧素材面板中，单击导入素材或者直接将素材拖入“导入素材”区域即可导入原始文件。导入后会出现以下界面，如图5-43所示。

①号区域部分：这个区域主要是进行音视频素材之间的切换，以及添加文本、贴纸和转场效果的选区，单击每一个选项就会切换到对应的操作区。

②号区域部分：这个区域可以对1号区域中所选择的效果进行参数调整，获得更好的视频效果。

③号区域部分：这个区域可以实现对当前选中素材进行剪切、删除、定格、镜像等操作。

图5–43　剪映功能介绍

2. 时间轴的操作方法

把素材拖入时间轴区域后，会出现下方界面，如图5–44所示。利用上方工具栏可以对素材进行分割、删除、帧画面定格、倒放、镜像、旋转、裁剪操作。右侧开启“自动吸附”按钮时，可以使两段距离很近的素材像磁铁一样头尾严丝合缝地“吸附”在一起，视频之间没有间隙，不会出现视频衔接不顺畅的情况。

把时间线拖到需要剪辑的地方，就可以对素材视频进行分割、定格。单击选中一段素材，可以进行删除、旋转、镜面等操作。

图5–44　时间轴界面

3. 添加文字、贴纸、特效、转场、滤镜

首先，在素材版面上方的工具栏中选中“文字”按钮，拖动至时间轴的视频素材上方，文字就出现在预览播放界面中。然后，选中播放器的文

字框，输入“安全第一”，并调整大小和位置。右侧功能区的按钮可以调整文字字号、颜色等样式。最后，在时间轴拖动文字素材调整文字出现的时间与长短。如图5-45所示。

图5-45　添加文字

素材版面上方工具栏中的贴纸、特效、转场、滤镜等功能可以让视频变得更加丰富，这些功能添加的步骤与添加文字的步骤和原理相同。如图5-46、图5-47、图5-48、图5-49所示。注意在添加转场效果前，需要先

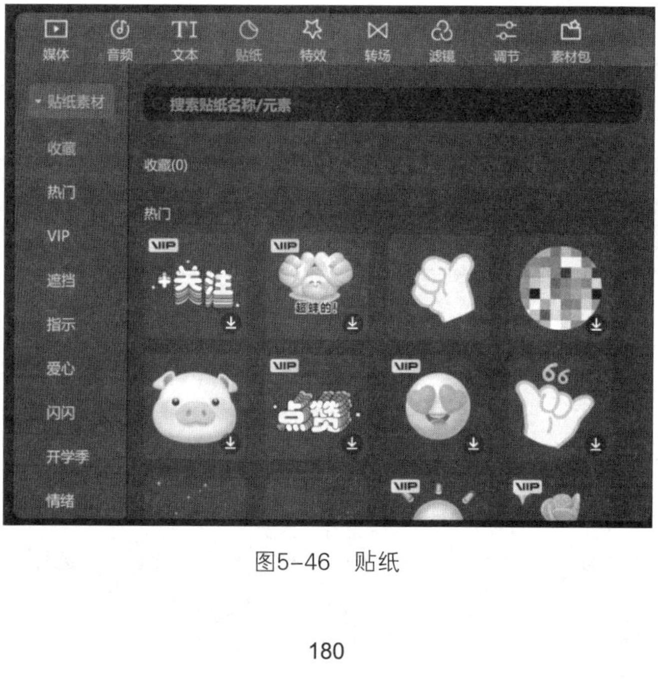

图5-46　贴纸

把两个视频素材“吸附”到一起，然后选择“转场”效果，拖拽自己喜爱的转场效果到时间轴上两个视频连接的部分即可添加转场效果，有时转场时长过短，起不到平滑链接两个视频的效果，可以在右上角功能区的效果控制栏中调整转场时长。

图5-47　特效

图5-48　转场

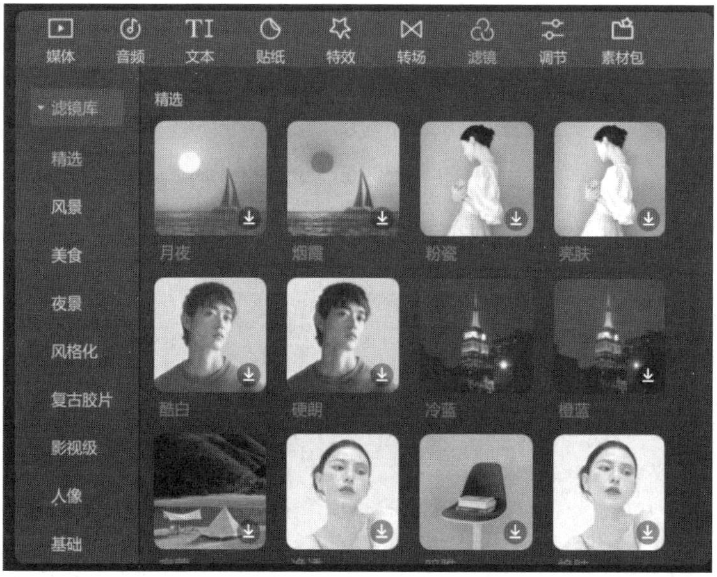

图5-49　滤镜

4. 功能区介绍

功能区设置了五大效果控件，能够对音视频效果进行调整，包括：贴纸的位置大小、转场效果的持续时长、添加文本的字体样式修改、音频的淡入淡出、视频和音频的效果控制等。

“画面”选项主要针对播放器中的画面进行简单的修改。例如位置、大小、人物美颜等，如图5-50画面所示。

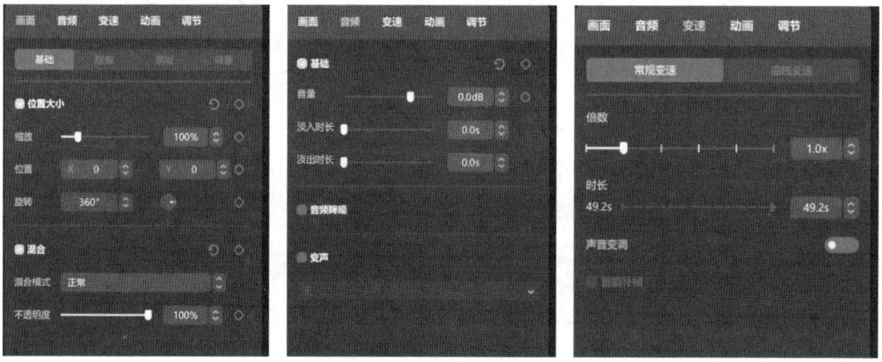

图5-50　画面、音频、变速

“音频”选项能够处理视频素材所带的原声，通过选择不同的音频效果，使声音变成其他人的声音，如图5–50音频所示。

“变速”选项可以更改视频播放的速度，其中“声音变调”的功能开启之后，后期配到视频的上的BGM声调会改变，如图5–50变速所示。

“动画”选项分为入场动画、出场动画和组合动画，“入场动画”是指视频出现时的动画，“出场动画”是指视频消失时的动画，组合动画则兼顾前两者。应用动画效果后，通过动画时长可以控制动画的持续时间，如图5–51动画所示。

“调节”选项能够改变视频画面的色调、不透明度、对比度等参数，如图5–51调节所示。

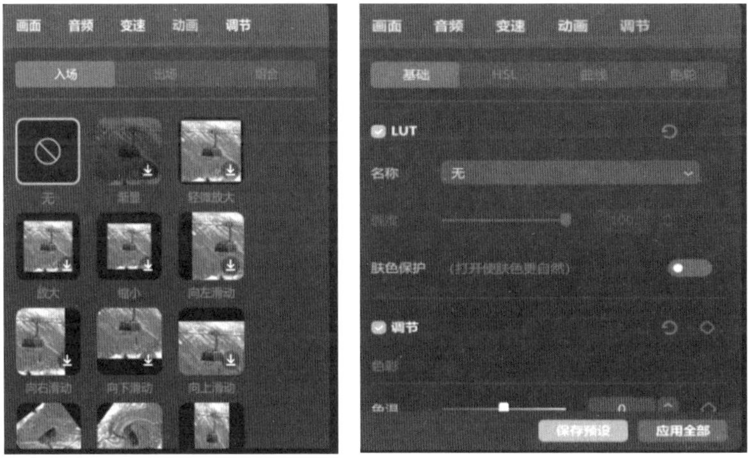

图5–51　动画、调节

5. 导出和保存

①单击窗口左上角的菜单—文件—导出；

②单击窗口右上角的“导出”按钮进行导出；

③使用快捷键“Ctrl+E”导出文件。